I0567638

DISCLAIMER

The author and publisher are providing this book and its contents on an "as is" basis and make no representations or warranties of any kind with respect to this book or its contents. The author and publisher disclaim all such representations and warranties, including but not limited to warranties of merchantability. In addition, the author and publisher do not represent or warrant that the information accessible via this book is accurate, complete, or current.

Except as specifically stated in this book, neither the author nor publisher, nor any authors, contributors, or other representatives will be liable for damages arising out of or in connection with the use of this book. This is a comprehensive limitation of liability that applies to all damages of any kind, including (without limitation) compensatory; direct, indirect, or consequential damages; loss of data, income, or profit; loss of or damage to property; and claims of third parties.

This Book Offers Free Bonus Puzzles

Available Here:

BestActivityBooks.com/WSBONUS20

5 TIPS TO START!

1) HOW TO SOLVE

The Puzzles are in a Classic Format:

- Words are hidden without breaks (no spaces, dashes, ...)
- Orientation: Forward & Backward, Up & Down or in Diagonal (can be in both directions)
- Words can overlap or cross each other

2) LEVEL UP THE GAME!

A space is provided next to each word to write new ones, translations or notes. We also offer a convenient **NOTEBOOK** at the end of this edition. It can help you organize your annotations, new words and/or observations.

3) TAG YOUR WORDS

Have you tried using a tag system? For example, you could mark the words which have been difficult to find with a cross, the ones you loved with a star, new words with a triangle, rare words with a diamond and so on...

4) EASY TO CUT!

The Puzzles come with an Extra Large margin to easily cut the page out of the book. Some people may feel it more convenient to solve them this way.

5) FINISHED?

Go to the bonus section: **MONSTER CHALLENGE** to find a free game offered at the end of this edition!

Want **more fun** and activities to **relax? It's Fast and Simple!** An entire Game Book Collection **just one click away!**

Find your next challenge at:

BestActivityBooks.com/MyNextWordSearch

Ready, Set... Go!

Did you know there are around 7,000 different languages in the world? Words are precious.

We love languages and have been working hard to make the highest quality books for you. Our ingredients?

One part easy-to-read print, three parts entertainment, then we add some challenging words and a pinch of rare ones. We brew them with care to serve you lots of fun and an opportunity to solve the best puzzles.

Your feedback is essential. You can be an active participant in the success of this book by leaving us a review. Tell us what you liked most in this edition!

Here is a short link which will take you to your Amazon orders review page.

BestBooksActivity.com/Review50

Thanks for your fidelity and enjoy the Game!

Delta Classics Team

Puzzle 1

```
L N Z V W N E M H O B N E T K
T A S B N Z D U U T A A K T O
K E R T O I E U I I P M A T N
P M Y T R S P R Z D M G R Y S
O Y I U A N I A P D E Y A Ö T
U Ö L N H Q T H R K N A S K R
K S A T O N N A K A K K U A U
E G A U A Y E I H W M D K L K
H F I U V P C N F M L Y S U T
T H R O G W P E I H C W A A I
O B E D H U S N A O Y O L Y O
P O T I L A A N H O T E L L I
L K A V A L K O I N E N A R Z
K N M H R F S M O N D W B C R
```

TYÖKALU
IDEA
SARAKE
KEHTO
SUHDE
KONSTRUKTIO
TUNTUU
MYÖS
MATERIAALI
TOINEN

HOTELLI
POTILAAN
VALKOINEN
CENTIPEDE
KAKKU
MUURAHAINEN
LASKU
KERTOI
KAATUU
PAINA

Puzzle 2

```
K  Z  S  F  X  T  O  N  N  I  T  E  L  L  A
U  D  Y  M  P  Ä  R  I  S  T  Ö  N  S  F  C
R  L  P  D  H  V  V  M  I  G  R  A  T  E  A
A  D  O  U  T  Y  E  K  E  Ä  E  B  J  W  I
N  I  J  Y  F  T  D  O  E  I  L  L  A  M  H
I  I  A  Q  R  T  E  R  M  K  N  O  T  O  E
G  S  E  N  Y  I  N  K  Z  K  F  S  D  R  K
J  G  S  I  F  I  D  K  I  I  I  Y  Y  I  J
M  O  Q  E  V  L  K  I  X  I  T  U  R  H  A
W  Ä  T  Ä  N  E  E  N  Y  T  R  Ä  T  N  A
S  P  R  K  X  W  P  R  E  I  K  Ä  I  S  A
L  Z  N  K  U  L  W  D  R  R  U  O  L  T  I
C  P  R  K  Ä  T  N  E  O  K  P  L  I  E  Q
T  U  O  M  I  O  S  T  A  Y  M  P  Ä  R  I
```

VEDEN	ISTUI
TILI	AIHE
YMPÄRI	YMPÄRISTÖN
MÄRKÄ	MALLI
JOTKUT	ÄRTYNEENÄ
TUODA	TUOMIOSTA
TURHA	KRITIIKKIÄ
LIITTYVÄT	URAN
ONNITELLA	MIGRATE
KORKKI	REIKÄ

Puzzle 3

```
S T K A I K E N H B Y V C W P
U A H U W K B L K Ä A S T I E
K P A W S O P E L I I J J S L
U A G J A M L E J H O R W F O
P U X S I I V H A R I K I W T
O K W P P T E L O K U V A Ö T
L S V G T E N Ä Ä N Ä T Z B A
V E F I R A F U V E N A L V A
E S O C H A O Q T S W T B X R
N S S X D A M T Q N K I I R E
B A T O C F I Y E C A N F N V
P N A V E L I N U V V I U F E
B N A V Y X D I E O F A S V T
R O M A H D U S V N Y M Y A I
```

VIHAINEN
KIRAHVI
PELOTTAA
KIIRE
VELI
VETI
OSTAA
TÄNÄÄN
OHJELMA
ROMAHDUS

ASIANTUNTIJA
TAPAUKSESSA
PELI
KAIKEN
KOMITEAA
MAINITA
ELOKUVA
ASTI
HÄIRIÖ
SUKUPOLVEN

Puzzle 4

```
V  Ä  E  S  T  Ö  S  T  Ä  M  Y  T  C  Z  A
S  M  A  T  N  I  H  H  N  U  R  O  E  C  G
S  O  P  U  D  X  Z  D  A  R  I  N  I  M  G
I  M  I  J  A  L  F  P  J  I  T  T  S  K  R
I  S  N  E  P  Ä  R  Ö  I  N  Y  T  D  Y  E
L  O  A  K  J  E  I  Q  E  A  K  U  R  L  S
I  P  G  V  H  A  V  R  M  O  S  Z  H  R  S
N  I  X  I  X  P  L  G  R  X  E  V  L  T  I
Z  M  T  A  S  K  U  K  A  U  N  V  N  U  I
D  U  E  Y  V  B  D  A  O  O  E  E  O  V
Q  S  M  P  I  D  E  T  T  I  I  N  L  T  I
R  H  Z  V  B  H  T  E  N  N  I  S  J  T  N
S  T  R  A  T  E  G  I  A  O  I  F  Ä  A  E
U  S  S  K  H  E  L  L  Ä  S  T  I  S  A  N
```

AGGRESSIIVINEN	HELLÄSTI
STRATEGIA	EPÄRÖI
TUOTTAA	MURINA
PIDETTIIN	YRITYKSEN
APINA	SOPIMUS
JALKA	TENNIS
TASKU	TONTTU
VÄESTÖSTÄ	NELJÄS
ARMEIJAN	SIILI
LAJI	HINTA

Puzzle 5

```
S G H V F A P A K K I A V I Z
A V F D J T W L J Ä W U Y L N
Z N O L I T K A P M O K G M V
M V X Z L O K Y W L H D R O W
I V Ä O Y U W Z X E E S O I Q
T K I Y Q V B Q H T R T A T F
E X M I K O S K A S I J E U I
N N I T N S G A L I Z H Z S K
P E Ä T L I H G C D S U M H T
M N L E W B N L A H J O J A I
C I E N K A K S I Y U Z V V O
X A K I A F T I E D E M I E S
W N J S D S K E N A A R I O Q
X N E N I L L E N N O Z X Y Y
```

KOSKA

VUOTTA

YHDISTELMÄ

VIINI

SINETTI

TIEDEMIES

VAIKKAPA

MIKSI

SKENAARIO

MITEN

LAHJOJA

ERI

KAKSI

NAINEN

AIKA

KOMPAKTI

ELÄIMIÄ

FIKTIO

ONNELLINEN

ILMOITUS

Puzzle 6

```
F K L M T U I Q D H P E E F X
A G M O A M O B A U O W R S G
L T H S P I G I B L L C I K Y
I G Z P J U S X Q L V T L O D
A M N T G L S S C U E U L O T
Y A O Z K L G S I N N N I T L
T G G G P I L L A I K A N T A
E A N Y Y K N Ä S E A T E E U
N O I U L K O N A S A S N R S
O Y R S Y B R R K U D I I I E
M W U E T P N C P J A V B N E
A J A T N E M L A V O A C A N
A Q O U E L L Ä M Ä Ä R Ä Ä M
E N N Ä T Y S U A I N A G J Q
```

POLVEN

MAISSI

MONET

LOPUSSA

SÄNKYYN

ENNÄTYS

LAUSEEN

MÄÄRÄÄMÄLLE

KAADA

RAVISTANUT

USEIN

AURINGON

TAISTELU

OMA

AINA

SKOOTTERIN

HULLUN

ULKONA

VALMENTAJA

ERILLINEN

Puzzle 7

```
K Z M B S E R O A M S N U V X
Z A G U R I M F A I O L T U L
S N U H C E V C M I L A L F T
T E X P S Q J U Q I U T K T G
M S K P P K A L O T N I V A R
T K V J D A T G G S A A V L H
L U Y K O U T F I E K S R X H
E T T Z D B E K L S T N O C D
I U B K N E V U M I A A I W V
M K O E I H A K A O M K W H L
A I T B V M N K N L K A A L I
N A C P U M U O V I K Y L L Ä
N V P I K K U S O R R E I K D
H E D E L M I E N V D Y M L H
```

MAA-	PIKKU
ANSAITA	KUKKO
KAALI	SOLUN
ILMAN	LEIMAN
RAVINTOLA	KIERROS
NAVETTA	MATKAN
KYLLÄ	TUTKIMUS
ILOISESTI	SIVU
VAIKUTUKSEN	HEDELMIEN
EROA	KAUPPA

Puzzle 8

```
S L D C W R K U U L U I S A N
L I X X K A T O I V U K U B T
P A E O T U S H L Y P U P F A
U S U P Z T B I U Y J C P W L
H S J K A A D A L L A L I T O
E E O V A T U O T E R O U V U
L E U A Y U A T C H Ä N E N D
I H K Z R Q S A I Y T Ä N Q E
M I K Z K J Z V S Y I L P S L
E A U N O S K A J P R L W D L
N V E S K I O U C Q I E U Z I
X E V I O T N L U Z Ä H H B S
U P Z M U N V A F M H Ä G Z I
L B O A S R U H F T K L S S A
```

HÄIRITÄ   VAIHEESSA
LAUKAUS   NENÄ
VUORET   KOKOUS
PYYHE   TOIVE
JAKSON   KUULUISAN
RAUTA   TALOUDELLISIA
HALUAVAT   LÄHELLÄ
SIEPATA   JOUKKUE
PUHELIMEN   TILALLA
SILEÄÄ   KUVIOTA

Puzzle 9

```
N Z A E K H O R I L L E T O M
J V K T L P F U A D O X O P F
F E A B E F T Y T T Ö U T T B
F R R P H R P O I M I A N S I
W B H P R X I K P E W R R A N
W I U L I G I A V J K U E M S
M N N D V D S P N D M R A M U
N Ä K Ö I N E N I T O P L A U
D X G U Q B O T E D T O I H T
S E L L E R I L E Q Q D Z M O
L U U K U N K R U D Y W E F T
S Y K S Y L L Ä W T I Y P R M
N Ä Y T T E I L L E T E E A T
R I I T T Ä V Ä N X X A A Y L
```

OLUTTA	TYTTÖ
MOTELLI	VERBI
TOTUUS	POTIN
NÄKÖINEN	SYKSYLLÄ
REALIZE	POIMIA
ROHKEA	ATERIAN
RIITTÄVÄN	HAMMAS
LUUKUN	NÄYTTEILLE
VIRHE	LOUNAS
KARHUN	SELLERI

Puzzle 10

```
Z G T Z K O K I J V C J O K F
O Q E M H I D E L Q V R T U V
M U S T N S R O S M Y J S W V
L Y I P G M E S T K A A Q S I
A N T A A V A B B U I I M O O
A A U P U H J E T A K A N S Q
L I U M Ä K E Ä E Z Z S R E T
G P T H T K M J E M T Z E V N
T I E T O J A Ä N N Y Ä T N O
V I K A G Y J E U U Q T Z A T
K Y M M E N E S L J E E D R E
T O D E L L A E U T Y S S U L
Q F K V R E F I K E Z Z Q E N
F L N E S I A M O K L U K S G
```

ODOTUKSEN	KETJUN
TÄYNNÄ	ANTAA
MIES	SEURAN
KULUNEET	KYMMENES
TODELLA	PUHJETA
VIKA	UUTISET
ILMAINEN	KESKIARVO
MÄKEÄ	TIETOJA
IHME	SETÄ
PIAN	ULKOMAISEN

Puzzle 11

```
T A K A I S I N U J U C P R M
P D E S U L L E K U S L Ä I N
Z I D S U U R I N L N V Ä P Ä
M I E K K A I L U I O K S U L
I Q C V H P W S Z S V V Y S K
T L Z M I U H P Ö T Y Ö L T Ä
K A V B D R H N A A K K N A I
R Z P E Z N A E D A Y P E A N
I Y D A S Ä G L L A H D E N E
I O W Z H Ä O I L N W Q S I N
S C O B Y T S E M I Y U P R I
I N D H S E U S U T S I D U U
I D N R S K M A D R S T L L Z
W L Y T A R K O I T U S A Y Q
```

TARKOITUS ILVES
SUURIN LÖYTÖ
KETÄÄN VIRALLISTA
MIEKKAILU TAPAHTUA
PÄÄSY EILEN
JULISTAA LAHDEN
SUKELLUS UUDISTUS
RIPUSTAA NÄLKÄINEN
TAKAISIN KRIISI
ANKKA USKO

Puzzle 12

```
M E L A S K E U T U A P H V B
R A A L U K S E N O C D E Ä Z
R J N R A H A S T O F M T I S
X B H A R A K E N T A A K T D
T C W U G U P S E E R I E T O
I T Ä Ä N E R A J A V K L Ä D
J Z I H F X R T V I G K L V U
A U F Y N V M I A Y T N Ä Ä I
U P U V P Z P Q B R C A P T N
A P L S A D H U P E K P V B T
T I A A T T I O J R I K P T I
X L R G I O L A P U X C U W B
T Ä Y T Ä Y A M N Y O M Q U U
V A A R A L L I S E N I B Z S
```

PALOI	PANKKI
UINTI	TARKKUUS
TÄYTÄ	ITÄÄN
UPSEERI	RAHASTO
ALUKSEN	MANAGERI
RAJA	VÄITTÄVÄT
LIPPU	VAARALLISEN
LASKEUTUA	RAKENTAA
PUHDAS	JUUSTOA
KIRJOITTAA	HETKELLÄ

Puzzle 13

```
P A L U U K O J D A M N K B I
U S W D T E U J V K A I Ä R N
H S N X Z S S T X R K S R Y N
E A D O W D Ä Z S H K I P R O
E R R S E S K W N U A L P T I
N R C R T A Y P J N N L Ä Y S
N E N I A T L E K E R E H H S
Y K S I T T Ä I S T E N Y T A
T A S V V A I M O I T N Ö E A
A L M I E H C U H A S O K I N
K A T Q E R Y K O H L W Ä S I
S W Q P V T H H X R A N T Ö U
I F L B Z Q Ä O Z A P W Ä Y L
K O R K E U S Ä N P G F R H I
```

INNOISSAAN
ÄLYKÄS
PARHAITEN
KÄRPPÄ
VERHON
HYÖKÄTÄ
TAKSI
SIETÄÄ
KUTSUN
PALSTERNAKKA

VAIMO
YHTEISÖ
PUHEEN
KELTAINEN
LUU
KORKEUS
ONNELLISIN
ALAKERRASSA
JOKU
YKSITTÄISTEN

Puzzle 14

```
K  S  H  L  J  M  S  I  J  A  A  N  O  G  U
A  Y  T  Y  E  A  A  Q  P  J  M  X  M  K  K
T  T  T  B  Y  V  U  I  U  Z  W  C  I  A  O
V  G  F  M  X  W  I  H  T  C  N  C  T  U  N
M  E  N  N  A  L  I  T  O  O  I  L  U  L  E
K  A  M  P  A  N  J  A  T  J  A  Y  I  A  E
C  V  O  U  B  G  Y  Q  N  Ä  A  K  S  N  L
Ä  U  U  T  S  A  V  H  P  I  Ä  Ä  I  V  L
T  K  C  F  Q  T  R  T  Ö  T  Y  T  N  V  A
E  W  A  O  T  S  A  N  A  S  V  Ä  A  W  N
V  Q  O  N  A  P  N  O  O  K  O  K  L  A  P
I  N  B  Ä  M  L  E  T  S  E  J  R  Ä  J  W
I  W  C  M  W  N  A  M  U  T  H  A  P  A  T
K  O  U  L  U  T  U  K  S  E  N  D  V  E  Y
```

VASTUU
MAITOA
LYKÄTÄ
JÄRJESTELMÄ
KONEELLA
KAMPANJA
SIJAAN
KUVA
KOULUTUKSEN
OMITUISIN

TYTÖT
TEKSTIÄ
KIIVETÄ
KOKOONPANO
LEVITTÄÄ
JAUHOJA
SANASTOA
TILANNE
TAPAHTUMAN
KAULAN

Puzzle 15

```
J  C  N  I  L  A  G  K  N  Q  E  C  L  N  T
U  D  E  L  J  E  R  I  S  C  W  J  Ä  I  U
S  I  U  O  S  P  V  V  C  N  P  P  H  U  O
L  V  V  I  U  Z  R  Y  I  Q  T  V  T  K  M
I  F  O  N  A  V  H  A  V  O  S  H  E  K  I
X  U  J  E  Ä  T  T  E  D  E  I  T  V  O  O
P  N  A  N  Y  K  S  I  K  K  Ö  I  Ä  J  I
P  U  K  O  H  T  A  L  O  K  A  S  T  A  S
U  E  N  K  I  E  L  T  Ä  Ä  V  U  W  Y  T
I  C  I  A  I  K  O  U  R  G  E  A  R  J  U
T  H  A  T  I  O  I  S  A  R  T  K  Z  V  I
A  T  A  A  S  N  K  V  M  R  L  U  K  U  N
Z  R  Ä  J  I  K  E  T  N  Ö  Y  T  W  F  L
E  K  N  Z  M  K  P  N  L  X  V  O  T  G  P
```

VAHVAN	NEUVOJA
PUITA	NIUKKOJA
KIELTÄÄ	ASIOITA
TUOMIOISTUIN	LEVY
TAAS	LÄHTEVÄT
ILOINEN	KOHTALOKAS
ARVIOI	KAUSI
PUNAINEN	YKSIKKÖ
RUOKIA	LUKU
TIEDETTÄ	TYÖNTEKIJÄ

Puzzle 16

```
E  J  R  U  P  J  W  W  Z  S  O  H  H  M  S
K  R  E  L  A  N  P  G  X  K  P  A  U  I  A
V  B  I  W  R  A  S  K  A  S  I  R  O  L  U
O  O  U  T  P  J  W  Y  C  A  S  R  L  L  K
C  N  E  V  Y  A  U  Y  W  K  K  A  T  O  K
I  U  N  O  G  I  X  A  H  U  E  S  A  I  O
R  T  G  E  L  Q  N  V  O  S  L  T  A  N  O
E  D  S  N  A  A  T  E  O  A  I  U  V  H  P
E  N  X  E  N  Ä  M  Ä  N  X  J  S  Z  A  A
T  B  G  A  L  L  E  M  M  O  A  U  S  D  X
H  M  I  R  M  L  V  A  K  U  U  T  T  A  A
I  J  I  W  D  N  E  N  I  Ö  R  R  Ö  P  P
S  K  Y  L  P  Y  P  N  K  A  M  E  L  I  N
F  T  G  Y  L  F  E  R  I  F  A  T  L  B  I
```

HARRASTUS	AJAN
ITSELLENI	VAKUUTTAA
PURJE	OPISKELIJA
HUOLTAA	OMMELLA
KYLPY	SAUKKO
RASKAS	NÄMÄ
PÖRRÖINEN	ASUKAS
SIHTEERI	ONNEA
KAMELIN	MILLOIN
FIREFLY	ERITYINEN

Puzzle 17

```
G T H Y E N S M E S T G G U D
X O I M F E Y U Z U B E B F F
Q T L E H S Y I S O X F G B D
Y E L S X I T S E L S I L V T
P L E O K O T T I A V R O K H
P L R I L T Ä U K A W U X T Ä
Y A I R X H V T K V M U X U M
H Ä N E I E Ä T A K B J P L M
V A I K K A T A J U S S Q V E
X Z Y I X A S A G B I S S A N
Y D P I O P J B S B T U U C T
E G F T T A H I T G H W K L Ä
K E V Ä T V I L C A T N A Y Ä
M E N E T T Ä Ä I S E I T B E
```

KORVA   HÄMMENTÄÄ
SEIKKA   KOE
TIIKERI   HÄN
HYPPY   JUURI
HILLERI   MUISTUTTAA
TOTELLA   MENETTÄÄ
SUKAT   VAIKKA
VAPAAEHTOISEN   SYYTTÄVÄT
TULVA   TIESI
KEVÄT   SUOLAA

Puzzle 18

```
A N X M L O L Y T T S F M U T
Y Ä N N E H L U O E P U P U U
I H Q U I Z M C K X O A W R N
H N V O K T W M K U K R X S N
Y E E Z K D F F R U I K I V I
V E I N I I S N E B U S R A S
Ä T L Q S N I H V B P L I Y T
S R W F Ä X H F C X Q W L A A
T L U O N T E E L T A A N U A
I C V O I P U U V I L L A K T
T E N S I M M Ä I S T Ä E U Y
A A L T O P U U T A R H A U J
A K A J O P A U I H H C L M K
R I I S I Ä I T N A L G N E E
```

HYVÄSTIT	PUUVILLA
TUNNISTAA	ENGLANTI
NÄHNEET	AALTO
PUUTARHA	PUPU
TEORIA	KUUME
RIISIÄ	VOI
LEIKKISÄ	KUULLUT
VERKKO	JOPA
ENSIMMÄISTÄ	BENSIINI
LUKUISIA	LUONTEELTAAN

Puzzle 19

```
T  Ä  Ä  L  L  Ä  O  O  G  E  Q  A  B  U  D
W  T  U  B  X  K  A  I  T  T  U  U  N  I  M
I  V  M  F  G  R  X  T  K  E  V  L  F  H  H
P  E  H  M  E  I  N  N  G  E  T  E  E  A  Y
L  O  P  U  L  T  A  I  A  A  A  T  O  L  Ö
M  H  T  E  M  A  Y  O  O  N  G  S  U  L  K
U  N  L  H  B  Y  D  I  D  N  J  U  U  I  K
O  A  Y  E  I  O  C  V  K  A  M  K  O  T  Ä
D  I  A  L  T  I  S  R  O  T  P  S  K  S  Y
O  S  R  C  Q  T  H  A  V  I  F  E  A  I  S
S  I  K  S  Ä  Ä  Z  Q  A  M  M  K  Z  J  K
S  I  A  H  Y  V  Ä  K  S  Y  Ä  S  W  A  N
A  N  P  I  T  K  Ä  L  L  E  Q  Z  G  W  J
C  X  O  P  I  N  N  Ä  Y  T  E  T  Y  Ö  X
```

HALLITSIJA	HYVÄKSYÄ
KESKUSTELUA	TÄÄLLÄ
LOPULTA	OIKEA
MINUUTTIA	ANNAT
OPINNÄYTETYÖ	HYÖKKÄYS
ARVIOINTI	PITKÄLLE
HIIHTO	SÄÄ
KOVA	ARKA
MUODOSSA	PEHMEIN
NAISIIN	OTETTU

Puzzle 20

```
X  B  B  L  S  N  P  K  R  A  P  N  E  J  M
T  A  R  I  N  A  Y  I  I  V  O  I  N  O  A
V  V  T  G  I  A  Y  R  K  E  R  I  T  H  H
I  A  J  P  K  S  T  J  A  S  T  T  I  T  D
T  T  Y  N  N  S  Ä  A  S  T  A  T  N  A  O
A  L  T  S  I  U  Ä  H  T  I  I  Y  E  J  L
M  A  J  Q  M  L  P  Y  E  L  D  P  N  A  L
I  V  H  I  M  L  E  L  E  L  E  S  A  S  I
I  D  Z  V  E  A  R  L  N  A  N  E  E  R  S
N  R  D  D  K  H  I  Y  Z  H  U  U  S  I  T
E  N  E  N  I  Ä  T  S  Ä  Ä  P  A  U  K  A
J  O  N  S  P  K  A  U  K  A  I  S  T  E  N
A  B  T  E  C  P  O  I  M  I  T  T  U  J  A
S  I  I  S  T  I  Y  C  S  M  H  C  K  Y  H
```

HALLITSEVA	JOHTAJA
HALLUSSAAN	SIISTI
KIRJAHYLLY	TARINA
POIMITTUJA	VITAMIINEJA
MAHDOLLISTA	KAUKAISTEN
PÄÄSTÄINEN	ENTINEN
PYYTÄÄ	RIKASTEEN
ASE	NIITTY
HUUSI	PORTAIDEN
VALTAVA	PIKEMMINKIN

Puzzle 21

```
V  P  J  L  N  L  L  Ä  M  P  Ö  T  I  L  A
F  W  I  H  I  H  A  I  K  T  U  T  Ä  M  P
I  E  E  I  R  I  O  H  G  O  M  O  L  U  E
S  A  A  V  U  T  T  I  J  B  Y  V  Y  N  T
X  R  C  T  U  G  R  S  F  A  A  Ä  K  I  T
N  N  F  I  T  L  E  K  C  W  A  Ä  K  A  Ä
E  F  X  Y  T  P  K  I  K  Z  S  R  Ä  K  Ä
S  V  Y  V  L  B  A  S  T  Q  S  Ä  Ä  J  N
I  A  T  H  U  X  N  I  M  L  A  S  M  N  A
L  D  T  M  K  Q  F  Z  V  U  E  S  P  V  A
L  C  Z  A  T  E  I  P  P  I  K  Ä  I  W  P
I  T  A  R  J  O  A  V  A  T  I  A  Ä  C  U
K  K  O  V  E  M  P  A  A  I  O  D  A  L  R
Ä  T  Y  H  J  E  N  N  E  T  Ä  Ä  N  N  I
```

TEIPPI
OIKEASSA
SAAVUTTI
NAAPURI
PETTÄÄ
ÄKILLISEN
LAHJA
TARJOAVAT
VÄÄRÄSSÄ
SATA

MUKAAN
LÄMPÖTILA
ÄLYKKÄÄMPIÄ
MUNIA
KERTOA
KOVEMPAA
KULTTUURIN
SIKSI
TUTKIA
TYHJENNETÄÄN

Puzzle 22

```
L I L M A S S A U O K C W A A
J Ä N N I T Y S T Ä Y V V F K
H V L A N K A A A S N Z O L O
G N A H U I J A T A Ä H I P K
L P N L E W D E H O W R M K K
I A I R T L O P P U U N A A V
S X S T A A Q B B X M L D G Z
Ä G V K Q O T N O S J S U U N
N Ä S N E H E I M A F A B A X
N A X V N A Q O E Q Q P A J L
Ä I   A L H A I N E N O A V F
N A T S E E T T O U T X R F N
Y S T Ä V I Ä N K C J X I W X
O D O T E T A A N I R A J C S
```

SUUN	BAARI
VAAN	MIEHENSÄ
TUOTTEESTA	LANKA
ALHAINEN	YSTÄVIÄ
HUIJATA	VALTATIE
JÄNNITYSTÄ	LAULU
KONE	ISÄNNÄN
ODOTETAAN	VOIMA
KYNÄ	LOPPUUN
LASKEA	ILMASSA

Puzzle 23

```
O  Z  O  Ä  E  K  T  I  A  D  G  C  W  H  V
L  V  W  Ä  I  P  E  R  E  U  K  D  F  P  D
E  S  Y  T  K  O  R  J  A  T  A  O  Z  S  Z
S  N  E  T  U  K  F  A  T  L  S  J  B  R  F
K  I  P  Y  G  L  K  A  S  M  E  K  N  A  A
E  S  E  D  Y  J  E  V  U  K  I  U  Q  I  V
L  O  R  H  A  I  S  E  M  I  I  V  U  T  L
U  I  H  I  U  R  T  Y  Ö  N  T  Ä  Ä  K  F
A  S  E  I  L  O  V  H  O  A  W  B  X  G  R
D  Ä  I  V  U  G  E  A  Q  Q  T  U  X  Z  U
O  N  L  D  A  A  T  L  U  K  U  P  T  O  J
E  S  L  P  L  E  C  Z  G  S  Ö  T  Ä  Ä  P
X  Ä  E  V  K  A  L  L  I  S  A  C  M  M  I
P  A  I  N  A  V  A  T  J  D  U  G  G  O  G
```

ARVAUS	KALLIS
REPIÄ	KULTAA
VIIME	LAULUA
KORJATA	OLI
ISOISÄNSÄ	KUTEN
LINJA	PAINAVAT
PERHEILLE	OLESKELUA
VIIHDYTTÄÄ	PÄÄTÖS
TULEE	MUSTA
TYÖNTÄÄ	ITKEÄ

Puzzle 24

```
N T E K N S Y T E N E M J E L
O I N X U I F R L U N T A B J
R L E X U U M N I K E N N O J
A A R U H Z L I W T R M I X S
N V G N Y Z T L E H T Z L O I
G U I N H S A Q A M R Ä R V E
A U A A I S E E R F I V Ä Y N
I T S K L U M R L H T Ä M P E
S E S E H G F T X K A T C I L
T E I E F S A G N E R T S T L
A N K T Z J B S V I I C K Ä
E L L E S I L L A L L I F I Z
V A L I T A A P M A T R K N D
K U L U M I S T A M B K X A R
```

PITKIN   RITARI
RIITTÄVÄ   NIMI
TILAVUUTEEN   SIENELLÄ
KISSA   KUULLA
MENETYS   ENERGIA
JONNEKIN   RANGAISTA
TEEKANNU   VALITA
YRITTÄÄ   LUNTA
FREESIAA   KULUMISTA
RENGAS   ILLALLISELLE

Puzzle 25

```
K X H A S W B M R O M F O C U
L U S Ä I Z T A L O N Y R Z C
E S I A N K W Y U W V D R D X
R X N V J T I M G V Z J N A M
N E U S A L Ä T R F A L I P U
N I E U S I A K T A R S N T U
V O I T T O A I R M F N N V T
Y L S S O T S I R A M O U T T
L A P U L T E E T S I P T J U
E V Ä L L E S K Y Ä M L I S V
I N K O E N Ä Ä N I E S P C A
N N F U R A P I S T U A P Z R
E L K P V A N H E M P I O Z S
N D E W P M A K S A M A T T A
```

TUOMARISTO
RATKAISU
VALO
PISTEET
SEINÄÄN
MUUTTUVA
TALON
SAVUA
VOITTOA
MAKSAMATTA

KUIVA
OPPITUNNIN
YLEINEN
NETTO
SILMÄYKSELLÄ
HÄNTÄ
LUPA
PUOLUSTUS
RAPISTUA
VANHEMPI

Puzzle 26

```
Ä  T  U  N  N  E  T  U  N  K  S  N  F  S  H
E  Ä  J  E  N  E  R  T  T  M  Y  H  R  U  I
A  P  T  U  H  O  A  R  A  P  U  G  A  U  G
V  K  A  S  M  A  A  L  A  T  A  A  G  N  H
P  K  V  O  E  Z  C  C  Y  X  U  K  M  N  L
U  C  E  A  P  N  E  T  T  I  S  E  E  A  I
K  I  L  K  K  Y  Ä  Q  A  E  A  S  N  N  G
X  X  U  K  A  I  H  Ä  H  T  L  K  T  S  H
Z  P  T  O  E  U  R  X  R  A  K  E  T  H  T
V  X  A  U  N  P  J  S  N  U  I  I  P  X
K  Y  A  L  S  D  N  U  A  A  U  N  C  A  H
F  P  K  W  U  R  E  B  N  P  N  E  J  L  K
P  J  Y  D  R  T  X  K  Z  K  C  N  K  A  U
T  A  I  V  A  S  N  O  N  N  I  K  L  A  P
```

KAUPUNKI	TUHOA
PALKINNON	ETANA
KIRJA	LUOKKA
TUNNETUN	SUUNNAN
RAPU	KESKEINEN
ÄÄNESTÄÄ	SITTEN
TAIVAS	TULEVAT
HIGHLIGHT	ALKUUN
FRAGMENTTI	RUSKEA
PALA	MAALATA

Puzzle 27

```
S  E  L  O  S  T  U  S  V  T  S  K  N  X  E
L  E  I  J  A  L  S  M  Ä  Ä  S  O  O  H  F
J  D  N  X  A  W  A  M  R  R  O  R  I  E  D
O  L  A  M  T  M  C  P  I  K  V  I  T  I  I
R  V  A  J  T  A  O  Z  K  E  I  P  A  J  S
T  K  N  N  L  E  W  H  Ä  Ä  N  A  C  A  T
Q  K  A  P  O  V  S  Q  S  Ä  E  L  L  S  R
Y  Y  B  Y  P  Q  M  O  U  H  N  L  U  T  A
L  U  U  L  T  A  V  A  S  T  I  O  V  A  C
G  U  W  Ö  T  O  T  H  V  T  Y  O  U  A  T
K  F  T  P  J  U  W  Q  M  Y  L  N  L  C  S
A  L  Ä  H  E  S  L  F  G  P  Ö  A  L  T  J
N  C  Y  P  U  W  E  I  R  B  P  S  A  I  V
A  G  G  T  Z  R  E  N  T  O  U  T  U  A  N
```

KANA
HEIJASTAA
NOITA
LÄHES
KORIPALLO
SANOO
SELOSTUS
RENTOUTUA
DISTRACT
LEIJA

PÖLYINEN
TULI
BANAANI
PÖLY
LUVULLA
POLTTAA
LUULTAVASTI
VÄRIKÄS
SOVI
TÄRKEÄÄ

Puzzle 28

```
O J O J O U T S E N T G D J S
U B T R A P O R T T I L I W U
A K A T E E M I N E N U E D U
S N R K C R O C U S K U V A N
H U H U U L I D V N N F C R N
Ä Q N A R Y T A W E A X U L I
M P H N R O T U K C H H P U T
Ä O S U U S I L L O D H A M T
H N M Z W N P A L O M I E S E
Ä I U E Ä Ä T T L Ä V U E H L
K W U R Q I K A S S O L U T U
K H T O V S A K I K O L M I O
I D A T A P A H T U M A S T A
V A A R A L L I S I A B E M C
```

JOUTSEN	PONI
MAHDOLLISUUS	KOLMIO
TULOSSA	TAPAHTUMASTA
KASVOT	HÄMÄHÄKKI
SAHAN	RAPORTTI
CROCUSKUVA	VAARALLISIA
SUUNNITTELU	PALOMIES
VÄLTTÄÄ	MUUTA
ROTU	AKATEEMINEN
HUULI	SUNNUNTAI

Puzzle 29

```
E H M E T S Ä S T Y S R A X K
L E A T S I L L A R A A V P I
P W Q M V T K L H M V C P N R
Y W H L P U C B K A L R G M K
M V Y S Y A C D O K U I P G A
I N Ö W F T A F R O E S G X S
N I T H U A V T P Q Y S K C P
E M Y T E H D Ä P R O E P A P
N U Ä E O G V K I K H S Ä M A
A K Ä X Z J L N B M A O Ä E Q
A T T A M I L O U H N R S R U
N K N U F P Q W B J H P T E Q
O L E C N E S K O K I R Ä E I
B P L E T U O I K E U S Y N G
```

HYÖTYÄ
KIRKAS
ELPYMINEN
TEHDÄ
VAUHTI
HANHI
MEREEN
ETUOIKEUS
TAUTI
HAMPAAT

KUMIN
LENTÄÄ
HUOLIMATTA
RIKOKSEN
PÄÄSTÄ
HAUSKAA
PROSESSI
VAARALLISTA
KORPPI
METSÄSTYS

Puzzle 30

```
W  A  A  J  R  A  K  K  X  U  K  Y  C  E  E
P  V  A  O  H  U  O  T  A  M  Ä  F  D  N  S
K  I  N  T  E  U  R  T  A  A  Y  G  S  Q  Q
T  E  P  K  T  D  V  A  E  N  T  S  E  N  N
A  E  H  A  K  E  I  V  P  A  Ä  T  L  A  A
B  P  H  I  I  N  K  A  U  H  V  X  O  D  I
R  J  I  T  T  D  E  L  N  I  Ä  K  X  Q  M
L  P  S  J  Ä  T  V  L  G  I  L  A  S  W  I
K  Q  T  Q  U  V  Ä  A  R  J  L  F  R  I  S
N  H  U  J  M  T  Ä  Ä  W  N  Ä  H  B  X  I
M  W  U  S  S  M  I  L  J  O  O  N  A  A  S
K  U  S  T  A  N  N  U  K  S  E  T  Q  C  S
W  K  A  I  K  K  I  Y  W  W  K  I  P  I  A
P  U  O  L  E  L  L  A  O  Q  L  Y  C  M  I
```

MATO	UUDEN
UPEAA	PUOLELLA
NAIMISISSA	KORVIKE
HETKI	KUSTANNUKSET
KEHITTÄÄ	ISTUU
TEHTÄVÄ	OTTAA
IHANA	SEN
KARJAA	TAVALLA
MILJOONAA	JOTKA
KAIKKI	KÄYTÄVÄLLÄ

Puzzle 31

```
E  S  I  M  E  R  K  I  K  S  I  S  O  O  J
B  R  U  Z  K  T  S  Y  T  Y  L  Ä  H  S  U
P  O  M  V  A  M  P  Y  Y  R  I  Z  U  A  Y
Y  Y  L  I  Ä  R  Ö  Y  P  O  K  M  T  P  S
A  K  O  E  R  V  C  E  A  H  S  O  L  U  T
N  E  S  K  Y  T  Ä  D  I  P  Y  K  I  O  C
P  H  O  I  T  T  Y  L  L  E  I  M  I  L  U
K  U  Y  N  T  S  A  A  T  S  O  N  N  I  U
A  Y  O  V  T  T  R  A  T  S  A  S  T  A  A
L  M  T  L  Ä  S  Ä  L  G  E  Z  X  Q  A  D
A  V  E  Y  I  K  S  I  S  U  L  A  H  M  J
O  Q  P  V  Y  N  S  L  N  N  J  U  S  R  O
B  R  F  G  U  M  F  Y  T  E  M  T  G  A  H
E  D  U  S  T  A  V  A  T  L  N  K  Q  H  D
```

OHUT	TULOS
KALA	RATSASTAA
YKSITTÄINEN	SOLMU
INNOSTAA	HÄLYTYS
OSAPUOLI	LILA
EDUSTAVAT	ESIMERKIKSI
MIELLYTTI	VAMPYYRI
PUOLIN	HARMAA
PYÖRÄILY	PIDÄTYKSEN
HALUSI	HYVÄKSY

Puzzle 32

```
U H Z A K V N U R M I K K O A
R Z L U A L A H I S N R P Q X
W V N T V A S S A M L I A A M
T G E O E P I O T V E R S I O
R O S N R S W D S U S R U W K
A X I O I E T R Z T S A M C N
V M Y M T T E N Y A O T O E O
I B T D E M K T E R V E A B S
S G I R S N O K U I N V K J F
T W R K K I P L Y H E N N E A
A P E B A E J I V A L T I O N
A S C N S D U K D T H H G K F
A N S I O S T A B E R W H R E
F J C A H U I V I L C A M J V
```

ONKO
OSTO
MAAILMASSA
TEKO
TERVE
LAPSET
HUIVI
SAKSET
VERSIO
KUIN

ANSIOSTA
ERITYISEN
KAVERIT
LYHENNE
VALTION
VASTUSTAJA
NURMIKKOA
TOIMENPIDE
AUTON
RAVISTAA

Puzzle 33

```
X A C Q Ä C Q G L S L S J N N
A L L A H I P J A F U U Ä M C
K A S V E J A O U Q O B N U H
H T P Q K Q F S K W T S N J E
S I D U A P Q R K R E T I A D
R M R T O A K K U S T A T V I
A O M V Ö L K M Z A T N T P S
K L E U I L E O O K A T Y A T
A E K N V A C S R B V I N P Ä
S M K E R A V M T K A I Y P Ä
X M O L I K Y X W A O V T A E
I A T M H N J Q Y N A I S H F
G T K A M A F C X W S N F S G
C R U T J K L Ä Ä K Ä R I N O
```

LÄÄKÄRI
KORKO
HIRVI
PAPPA
RAKAS
KEHÄ
EDISTÄÄ
MOLEMMAT
PUOLESTAAN
KASVEJA

SUKKA
UNELMA
SUBSTANTIIVI
HIRVIÖ
JÄNNITTYNYT
MEKKO
LUOTETTAVA
LAUKKU
KANKAALLA
PIHALLA

Puzzle 34

```
Y  V  O  Y  Q  E  M  H  Y  K  A  T  K  Y  Y
O  A  X  H  D  L  U  A  Q  T  V  Y  K  U  W
A  I  P  T  R  Q  N  X  A  V  E  Y  A  M  N
K  H  A  Ä  X  A  A  K  J  V  L  L  S  E  C
I  T  I  L  Q  D  S  B  B  X  E  I  V  Q  Z
L  O  L  Ä  Q  B  N  K  Q  J  T  Ä  A  K  N
O  E  O  I  M  U  U  M  A  L  T  J  A  A  W
M  H  U  S  U  R  E  P  Q  A  U  G  H  T  G
E  T  P  E  P  P  V  A  A  A  K  K  E  I  H
T  O  A  T  Ä  V  Y  Y  M  X  U  S  I  L  C
R  C  S  L  A  I  S  K  A  X  O  M  I  L  R
I  G  O  V  D  V  T  V  W  M  H  A  M  A  M
N  A  A  T  E  L  L  E  V  O  S  A  S  H  J
J  F  G  P  O  L  K  U  K  J  C  A  T  D  Y
```

KILOMETRIN	AAVE
MUUMIO	HEI
SOVELLETAAN	OSAPUOLIA
VAIHTOEHTO	KUN
TYYLIÄ	HOUKUTTELEVA
KASVAA	YHTÄLÄISET
HIEKKAA	RASKAAKSI
MUNA	HALLITA
POLKU	PERUS
LAISKA	MYYVÄT

Puzzle 35

```
T  S  H  E  V  O  S  E  N  S  R  S  K  K  D
U  T  A  S  O  S  A  F  S  A  E  H  O  U  G
R  E  N  I  O  V  R  A  H  M  P  F  R  O  R
V  L  J  M  R  H  T  C  R  M  S  W  J  R  M
A  E  N  O  F  A  J  V  F  A  O  T  A  M  E
L  V  U  D  K  K  A  E  E  K  T  Y  U  A  P
L  I  R  M  Z  E  S  L  H  K  T  P  S  L  Z
I  S  K  E  T  R  E  R  A  O  A  E  K  A  M
S  I  K  V  G  Z  I  N  F  N  A  R  S  N  S
U  O  A  Q  E  K  A  N  T  A  A  Ä  A  N  B
U  B  A  P  A  H  O  I  L  L  A  N  I  A  I
S  I  N  A  A  P  P  L  U  T  E  T  A  C  H
M  O  N  I  M  U  T  K  A  I  N  E  N  N  Z
D  E  M  O  K  R  A  A  T  T  I  S  T  A  I
```

HAARA	OSA
PAHOILLANI	JOKEEN
SAIRAALAN	MAKEA
KORJAUS	HARVOIN
NURKKAAN	KUORMA
TYPERÄ	DEMOKRAATTISTA
MONIMUTKAINEN	TULPPAANI
TURVALLISUUS	SAMMAKKO
KANTAA	TELEVISIO
HEVOSEN	REPSOTTAA

Puzzle 36

```
N E J O T E I T K M K Z I M U
Ä N D T Q M V N E E U J Z Y V
Ä Ä F I M N A T R R S O X U A
T Ä N A W E L N Ä N T T T A S
E H I T M C A S T A V Y Ä O T
R Ö Ä E Ä J A Z Ä W V P G Ä A
R Y T Q B M N Z Z C E Y M F T
Ä M T O U M I O U V R Y I C A
M W E K V S G N E H H K T O X
M M K I R U K L E P O K E J O
Y L S J Ä Ä T Ä I N T I E A A
R I Ä E J C S O L O U Ä M A O
A R T I K K E L E I T A A N L
S I S Ä L L Ä O H J A Z Y E D
```

TEEMA
VASTATA
SISÄLLÄ
VERHOT
TAITO
PYYKKIÄ
ESTÄÄ
PELKURI
YMMÄRRETÄÄN
ÄSKETTÄIN

ARTIKKELEITA
MYÖHÄÄN
VALAAN
VATSA
KERÄTÄ
TIETOJEN
JÄÄTÄ
ÄÄNTÄMINEN
OJAAN
MUOTO

Puzzle 37

```
N Ä Y T T Ä Ä M J L R C I H J
E U L U S R U U O V K R Y V Ä
N N T S J Y B N V D C I G D T
Ä E Y U D Ö I O Y O E T D G T
H T E O L N D T X O R R I S E
V N J H A A T S A R A V N V I
C I N B E Y H A A A W T E I D
J Ä L K E E N N M G J O L S E
U L I E H R U A U N W L I K N
R E L J I D R S U A G N I E N
U P A L L O K N T K I L H N Q
Y L L Ä T Y S Q Y T I G A N A
G T A L K O I P H B F C J O Y
I D E N T I T E E T I N J X S
```

PALLO	MODERNI
YLLÄTYS	HIILEN
HALUTUN	NÖYRÄ
VARASTAA	KANGAROO
IDENTITEETIN	SANASTON
NÄYTTÄÄ	ONNEKSI
URHEILU	HÄNEN
TUUMAA	ELÄINTEN
ALKOI	JÄTTEIDEN
HOUSUT	JÄLKEEN

Puzzle 38

```
P N L M E K A A N I K K O M U
K O X A B V Z W B K V N T Q T
U P R A I N E E T N E K I I L
U I W T S U M A T T O U L V M
L L T S T L M J A Y Z I I Ä U
U V S A Y I Z X F A U Y E H K
V I U K N A X L J H S R I E A
A N K R Y R Y H Y K J I K M V
T E L A S E K O H T I L Ä M U
O N A T Ä I D S M U V L X I U
F K A A V V S K Z X Q A R S T
V A L T A V A N W P L H D T T
L Y D E V A A T T E I T A Ö A
Q E X D M Y L N Ä K Y V I I N
```

MEKAANIKKO
VIERAILUN
VÄHEMMISTÖ
HALLI
PORTTI
LUOTTAMUS
VAATTEITA
PILVINEN
LIIKENTEEN
EIKÄ

MELKO
AASI
NÄKYVIIN
VÄSYNYT
SUKLAA
VALTAVAN
MUKAVUUTTA
KUULUVAT
KOHTI
TARKASTAA

Puzzle 39

```
T A D H F J Y P C U E N E F Y
M E J G V S L V V R Z E E G P
Y A L A D M A J A A E T O W O
Y K L T T E I S E K O I T A H
M K E G T T N O L L A P I J J
Ä W B P A A E N Ä K Y G X U A
L O E V R I W L W T V S J L P
Ä P U N I N N O U T I L U A A
S P L Y K C Z J U A C I Y M R
B L B Q K V A A T I A R N M V
T E E N A K U K I N T A T A E
A H Q V I N Y K Y I N E N S K
O D C L N Y C Y X G L E V T E
J Ä Ä K I E K K O Q I X V A M
```

BLUEBELL	TUONNIN
KUKINTA	PARVEKE
NYKYINEN	AJATTELUA
NOLLA	SEKOITA
TEEN	TELTTA
POHJA	HELPPO
VAATIA	JÄÄKIEKKO
NÄKY	AJAA
NIITÄ	LAMMASTA
RIKKAIN	MYYMÄLÄ

Puzzle 40

```
E  P  Ä  T  O  I  V  O  I  N  E  N  T  C  Y
J  M  M  L  P  I  A  T  N  A  J  R  E  P  L
N  I  Ä  F  A  R  D  L  I  P  Y  Ö  R  Ä  E
M  G  T  P  T  Q  O  W  D  I  V  N  A  L  I
U  C  O  O  L  A  F  F  U  B  S  Z  P  F  S
R  Q  P  P  I  M  U  R  E  S  S  T  L  Q  U
S  E  I  T  S  E  M  Ä  N  S  O  V  A  F  R
D  E  S  I  M  A  A  L  I  N  S  R  H  I  H
A  J  W  Y  D  J  Ä  R  V  E  N  O  M  E  E
P  R  E  S  I  D  E  N  T  T  I  B  R  I  I
J  M  P  P  J  Ä  R  J  E  S  T  Ä  Ä  I  L
L  I  P  S  A  H  D  U  S  O  Z  N  G  V  U
H  Y  L  Ä  T  T  Y  T  N  E  E  T  S  E  N
G  O  C  E  C  D  V  U  N  A  U  R  O  I  X
```

PRESIDENTTI
BUFFALO
TÄMÄ
SEITSEMÄN
PERJANTAI
NAUROI
LIPSAHDUS
PROFESSORI
HALPA
DESIMAALIN

JÄRJESTÄÄ
YLEISURHEILUN
HYLÄTTY
SORMI
EPÄTOIVOINEN
NESTEEN
SILTA
TIISTAI
PYÖRÄ
JÄRVEN

Puzzle 41

```
R K R I J F Q V D O K L N Q S
G E Y L Ö Y D Ä T S W Y A P Ä
G B A N H W X Y I O S H A W Ä
H Y K K T X Q Z V I F Y V Q N
N Q Ö I T T I E K T U T A T T
C Y A K K I I N K E T H A C E
S I R U T F O L C C B Q R K L
N H M E U G I N Ä G D W U I Y
M K O U A L D Ä S S E D E H N
U S E D P K A Q S F G V S O E
L A D Y B I R D I D F Q V V G
L A I T T A A B M M U Q Y T W
S O C T A F T U O R E I T A F
P Ä Ä R Y N Ä A U T O J E N H
```

SIRUT   LÖYDÄ
RADIO   OHI
SÄÄNTELYN   UHRI
OSOITE   LAITTAA
TUOREITA   LADYBIRD
REAKTION   PÄÄRYNÄ
SEURAAVAAN   TEKNIIKKA
MISSÄ   AUTOJEN
LYHYT   KYNTTILÄ
KEITTIÖ   EDESSÄ

Puzzle 42

```
M  I  B  I  J  P  I  I  L  O  T  A  Q  H  A
S  E  I  T  V  W  Q  H  L  T  I  Z  U  V  Z
U  L  R  T  X  B  N  A  A  U  S  U  G  D  D
O  A  K  E  K  N  E  L  I  N  O  A  H  Z  S
S  T  O  K  S  E  N  L  N  U  L  L  I  V  U
I  U  N  A  Y  S  I  I  A  T  A  K  A  N  A
T  I  T  R  T  I  Ä  T  T  S  K  B  A  E  S
E  H  R  K  I  K  H  U  A  I  N  G  T  E  T
L  I  A  Ö  V  L  Ä  K  A  N  O  I  T  H  A
L  M  S  Y  I  U  V  S  E  N  W  O  I  R  K
A  U  T  H  Ä  J  C  E  F  O  D  T  O  E  F
K  L  I  Y  P  D  N  N  O  B  N  A  S  P  S
S  F  H  Y  D  N  T  I  E  T  O  A  O  P  O
D  W  J  S  E  Q  J  J  I  P  Z  K  A  U  J
```

HALLITUKSEN	LAINATA
KONTRASTI	RAKETTI
VÄHÄINEN	PÄIVITYS
PERHEEN	ONKALO
KATSAUS	KÖYHYYS
OSOITTAA	ONNISTUNUT
SUOSITELLA	TAKANA
JULKISEN	MERESSÄ
TIETOA	PIILOTA
LUMIHIUTALE	KAATOI

Puzzle 43

```
T E P Y U D D V U S A Y J L T
H U T U E B X I D O L H O I U
F N T E N Q D H R T U T S I L
T Ö S K L R A R Y I E Ä K T O
A L U E I Ä W E H L E K U T K
V I S Q B M Ä Ä M A L K S Y S
I K W O M D U N Ä S L I Y Y E
I N O L U T H K T L A Ä E O N
L E Ä X S R C X S H U U T A A
E H E X J Q A G Y E L U K E A
Ä O M I S A T K G B T D J R R
K A H D E S T I K G W I S H O
I D E W P Q A E K A T J C G A
U O P E R A A T I O N U R F L
```

SOTILAS
RYHMÄ
HUUTAA
VIILEÄ
HENKILÖN
KAHDESTI
PEHMEÄ
ATTACH
TUTKIMUKSET
JOSKUS

TULOKSEN
ALUEELLA
VIHREÄ
ALUE
LUKEA
YHTÄKKIÄ
URAKKA
ETELÄÄN
LIITTYY
OPERAATION

Puzzle 44

```
P H Y E H I P H H A S S U Z P
K E T H I B S C Y I O S Y X X
X H R N A P A M U T R U M B K
S K K M F W L A A T T A L U S
G U S U O N I B U Y P Y F D R
V O I L E I P Ä T H L Y N X H
D D T Y K C P N S F P G Y E I
N C T J M P O Y I B S A V S N
C X E O F Y W T U I D A A P I
K I I R E I N E N D E T I W B
G V V Z W G A I P U U S K T C
O M A I S U U T T A X I E J M
J A T K U V A S T I E O A J W
L Ä H E S T Y V Ä T J P W K Q
```

LÄHESTYVÄT

HEHKU

PYYSI

VOILEIPÄ

KIIREINEN

HYTTI

NOUSU

MURTUMA

HASSU

POISTAA

OMAISUUTTA

SULATTAA

ISTUA

OPPILAS

HYTTYNEN

TIETYN

UIDA

VAIKEA

VIETTI

JATKUVASTI

Puzzle 45

```
J  M  S  U  N  Ä  Ä  T  L  E  M  I  N  K  U
O  H  H  G  D  U  N  K  O  E  N  F  N  Y  G
K  A  J  L  N  F  E  N  C  I  H  H  L  P  U
A  Y  L  E  T  T  E  N  E  M  M  D  U  S  U
N  M  Ä  Ä  R  I  T  E  L  L  Ä  I  E  Ä  S
A  P  U  H  U  M  I  N  E  N  E  S  N  N  I
L  C  O  E  T  Q  A  Y  U  S  L  Y  M  T  A
Y  R  F  M  T  C  T  P  G  E  Ä  D  E  M  A
Y  G  V  W  I  H  U  O  L  I  M  Ä  R  U  K
S  N  X  Y  C  S  J  S  C  Z  Ä  N  K  O  K
I  I  H  B  E  Y  T  Q  N  J  S  U  K  K  L
E  J  Ä  Y  K  K  Ä  A  C  N  S  M  I  K  E
E  P  Ä  V  A  K  A  A  J  V  Ä  Q  U  A  K
V  Ä  K  I  V  A  L  T  A  A  N  H  M  A  H
```

OMISTAJA	KYPSÄ
SYDÄN	ANALYYSI
PUHUMINEN	UUSIA
KELKKA	MÄÄRITELLÄ
MENETTELY	EPÄVAKAA
MERKKI	LEHDEN
HUOLI	ELÄMÄSSÄ
NIMELTÄÄN	TOIMINTA
TAITEEN	VÄKIVALTA
JÄYKKÄ	MUOKKAA

Puzzle 46

```
H N Y K Y K K A R I B U J E N
Y A N I M M E H Ö Y M N E N J
M I R I I D A N H G J E K A D
Y M S T S H D V N D U V M Q
I I U O A U U T T U P Z M M
L S O S N P C W K B T E N E J
L I R N A U R E T T A V A H J
Ä I A G G T I L A P E R U N A
L N R L E V H L R N O A D A I
K Ä V E L Y M A A V Ä R K V K
S L C X C W I M K E I T S E T
J E U N Y L S E K W H Z T X A
T I A X C B E S A M I R V E M
M L L K T K N A M M U S L S Q
```

ASEMALLE
NAURETTAVA
HYMYILLÄ
KIITOS
MYÖHEMMIN
NAIMISIIN
VANHEMMAN
SUMMA
PERUNA
KÄVELY

SUORA
KYKY
ITSE
TUNNE
ETTÄ
IHMISEN
MAKKARAT
MATKIA
PUUTTUU
KARIBUJEN

Puzzle 47

```
I  Y  K  S  I  N  K  E  R  T  A  I  S  T  A
F  M  T  U  R  V  A  L  L  I  N  E  N  Z  A
N  F  E  W  M  W  Y  N  L  A  E  P  A  K  E
D  M  M  V  U  R  J  U  E  T  O  I  S  T  A
N  P  W  N  Ä  L  Y  K  V  A  K  K  Y  P  V
P  J  M  D  A  T  K  Q  I  K  O  I  L  Ö  I
S  I  N  U  S  T  A  J  Ä  L  J  R  L  Y  E
L  U  I  S  T  E  L  U  M  I  O  J  Ä  D  N
H  U  O  M  E  N  N  A  I  P  V  E  P  Ä  T
G  W  S  X  D  I  O  E  S  X  V  T  I  N  I
E  W  J  I  S  G  R  M  E  D  Y  T  T  W  A
R  Z  L  Z  S  T  Q  P  N  O  K  Ä  Ä  F  S
L  W  N  K  R  K  M  Ä  Ä  R  Ä  X  Ä  H  I
O  J  M  C  F  X  O  T  S  A  J  R  I  K  A
```

SISKO	TURVALLINEN
SINUSTA	LEVIÄMISEN
YKSINKERTAISTA	KYLÄN
KIRJETTÄ	KAPEA
MÄÄRÄ	ASIA
PILKATA	VIENTI
LUISTELU	JOKO
TOISTA	YLLÄPITÄÄ
IMEVÄT	KIRJASTO
PÖYDÄN	HUOMENNA

Puzzle 48

```
G D T I E N L J A T M I F O R
T E V R K W A T T U E T S O K
T E P V C A S L R V I C U L S
A Z Q D M G K S A U C M A A I
V H Ä K K I I K Q S A A K P T
E I T C M O C Q I W I N K H O
S K H H I E N O K S I T A A U
U E Y O H E I K K O R K R L T
O N E E L S Q T D I O E Q L U
N K C I Z L K U G A K C P I M
J Ä V N A M I O K I L A V N I
Y V W R R E R S J U R B T T N
E H D O T T A A E M U H X A E
M Ä Ä R I T T Ä Ä N X U Y M N
```

SITOUTUMINEN
HEIKKO
VIHOLLISEN
MÄÄRITTÄÄ
EHDOTTAA
KOSTEUTTA
TIEN
KORI
RAKKAUS
NOUSEVAT

KENKÄ
PALO
PERSIKKA
VALIKOIMAN
YHTÄ
HALLINTA
HIENOKSI
LASIT
LASKI
HÄKKI

Puzzle 49

```
A  J  K  E  R  R  O  K  S  E  S  S  A  H  D
V  A  K  K  U  R  E  H  T  J  L  W  V  I  M
I  T  K  O  N  N  E  K  A  S  U  T  Q  G  C
O  K  I  K  T  X  R  P  L  A  I  N  Q  K  O
L  O  U  C  I  O  O  E  O  V  A  N  A  K  Y
I  S  D  Ä  S  S  Ö  Y  T  S  I  E  T  H  Y
I  S  X  N  V  F  R  T  M  Ä  D  N  S  M  H
T  A  N  E  E  R  A  I  C  Ä  Z  I  E  V  A
O  K  P  A  I  K  K  A  K  P  J  L  E  I  L
N  I  T  O  I  M  I  T  T  A  A  L  P  L  L
J  N  E  E  L  Ä  P  Y  R  K  Z  E  R  L  I
K  A  D  O  N  N  U  T  U  L  K  D  A  A  N
Y  Y  D  N  E  S  A  K  I  O  P  O  Z  S  T
J  X  O  N  E  S  K  U  M  I  K  T  U  T  O
```

VILLA	JATKOSSAKIN
TUTKIMUKSEN	PAIKKA
AREENA	TOIMITTAA
RYPÄLEEN	POIKASEN
OLKAPÄÄ	YHTEISTYÖSSÄ
KIRSIKKA	TODELLINEN
AVIOLIITON	ONNEKAS
KADONNUT	JUNA
HALLINTO	SEEPRA
KERROKSESSA	HERUKKA

Puzzle 50

```
K V T B C N I O L A J V K H E
Y A W U P H U K B E F A O E R
M S C J K W A K I E R I H N I
M E Ä E N E B J K S S K T G S
E M J K V L A G E E L U E I T
N M I J S U O J R A T T L S E
E A L P R U E R S M H T I S T
N L E G P R P A K S U A A Ä T
K L J O S A K T A M B A S C Y
O E L B W N A O B N G B R S L
R X I A Q K B K V A U N U N A
K U V P I O R S Ä O L I V A T
E B K E I T Ä I I Ä C Y R N B
A L Q J T B Q L Z D J L A N Q
```

PAKSU

VAIKUTTAA

JÄÄKAAPPI

KOHTELIAS

HENGISSÄ

VAUNUN

KEITÄ

LISKO

TUKEA

ERISTETTY

KORKEA

OLIVAT

VASEMMALLE

KYMMENEN

VILJELIJÄ

MATKA

NUKKE

JALOIN

TARJOUS

LUURANKO

Puzzle 51

```
T V E R T A I L L A U S G M B
Y A A R U A N F V K N O I I K
A K R Ä Ä N E E N A O R A E A
O V S V P A L J O N H S I K L
P S X I I N C E H U D C R K A
R H Z O N T O V I K A J K A S
H A L U A A A N A K O S Y N T
P A H I N F Y A P I L S B U U
J O I T A A S I N A G R O F S
T E H T Ä V Ä N Ä N G F X Q B
Q U T A S O G L D K N N L Z U
S Y Y L L I S I Ä F J R E G A
V U O H I T T O O J O K J C N
R A K E N N U K S E N Z Y R L
```

VERTAILLA
NAURAA
TASO
TEHTÄVÄNÄ
HALUAA
RAKENNUKSEN
YKSIN
TARVITAAN
KANAA
KOJOOTTI

PALJON
SYYLLISIÄ
IKKUNA
VUOHI
ORGANISAATIO
KALASTUS
MIEKKA
UNOHDA
ÄÄNEEN
PAHIN

Puzzle 52

```
J Z S T H N Ä I S K E K F C F
A C I E E Y H A Y Z R Z B A G
S Z C U U F G T Y N G R R Ä C
R N F M W C T A V O K I A Ä C
Y E E J K U L K O I S E N T S
C N S U L E M U W S U V N T N
D I I U V T U O Ä Ä T S I I R
I S M P R O D L G R I T A M H
S E Q M S S T A W E L E T I O
O R A V A R S E U H L M N N I
L Q C Z L K W I L P A P A A T
L E N T Ä V Ä T E L H P U R A
V A N K I L A A N N A U A P A
V E L V O L L I S U U S L O Q
```

MELU

NIMITTÄÄ

HOITAA

ESINE

ULKOISEN

NEUVOTELLA

TEMPPU

VANKILAAN

ORAVA

HALLITUS

KEKSIÄ

AIKOVAT

LAUANTAI

RESURSSIEN

RIISTÄÄ

SYY

HERÄSI

LOUKATA

VELVOLLISUUS

LENTÄVÄT

Puzzle 53

```
D  S  M  C  A  A  T  T  U  U  T  L  A  V  K
R  Z  U  U  P  A  I  T  A  M  H  K  U  F  E
B  E  T  U  K  M  B  T  H  I  Ä  U  T  M  S
J  T  A  L  R  A  G  K  Y  E  Ä  I  S  U  K
A  G  K  F  C  I  V  B  Y  S  T  V  I  V  U
A  A  T  T  O  D  O  A  A  T  U  L  J  U
T  J  A  X  W  A  F  G  A  E  E  U  L  D  D
N  C  D  C  B  X  V  X  M  N  H  S  A  P  E
Ä  Ä  R  S  O  E  L  Ä  M  Ä  N  S  Ä  S
K  O  M  O  Y  Z  W  F  U  Y  L  O  O  G  S
K  U  U  M  E  M  P  I  T  S  C  L  X  X  A
R  P  A  N  E  N  I  L  L  E  D  Y  Ä  T  M
E  W  H  V  L  N  T  I  E  T  Y  S  T  I  E
H  T  C  F  F  T  E  S  I  A  N  O  T  R  I
```

TIETYSTI   ENEMMÄN
OSALLISTUA   MIESTEN
KUUMEMPI   KESKUUDESSA
HERKKÄ   SUURI
KATU   TÄYDELLINEN
LÄHETTÄÄ   IRTONAISET
COWBOY   MUKAVAA
KUIVUUS   ELÄMÄÄNSÄ
VALTUUTTAA   TUMMAA
ODOTTAA   PAITA

Puzzle 54

```
S  I  D  O  T  T  U  O  H  J  E  I  D  E  N
I  Z  F  D  J  I  W  G  J  M  S  M  N  D  D
D  O  W  T  R  A  T  K  A  I  S  T  A  A  N
V  O  Z  G  O  C  O  K  K  U  L  W  K  V  S
B  R  H  U  Q  T  Ä  V  Ä  T  T  Ä  Ä  P  S
I  T  S  E  Ä  Ä  N  F  R  E  X  X  K  H  H
A  M  P  U  A  K  K  B  A  A  O  J  K  G  V
T  O  I  M  I  N  N  A  N  T  X  M  M  I  S
K  H  R  Q  B  M  X  B  O  K  Ä  Ä  R  M  E
U  Y  A  O  Y  K  S  I  T  O  I  S  T  A  T
P  L  P  I  V  K  O  K  O  E  L  M  A  U  O
A  Ä  K  S  X  E  L  A  U  S  U  N  T  O  I
R  T  K  X  Z  R  N  E  S  K  U  A  P  U  L
I  Ä  Z  I  O  K  U  N  I  N  G  A  T  A  R
```

KUNINGATAR	ARVOA
KUPARI	SIDOTTU
KÄÄRME	LUPAUKSEN
ITSEÄÄN	KOKOELMA
AMPUA	RATKAISTAAN
HYLÄTÄ	YKSITOISTA
TOIMINNAN	LUKKO
OVEN	TOI
LAUSUNTO	PÄÄTTÄVÄT
PARI	OHJEIDEN

Puzzle 55

```
V  Y  S  K  T  O  I  V  O  A  V  H  A  K  M
A  H  I  A  N  D  T  N  K  K  V  N  U  V  I
S  T  V  N  A  G  S  S  Y  H  K  S  R  R  E
A  E  I  E  A  A  M  E  E  U  K  V  A  Y  L
R  I  I  L  K  A  J  I  A  K  U  P  A  P  E
A  S  L  I  K  L  E  M  U  G  X  D  I  Q  S
X  K  I  T  A  I  N  S  W  Q  G  H  G  R  S
X  U  P  A  I  T  T  A  A  L  A  S  O  Q  Ä
N  N  I  Y  S  Y  Z  R  T  Z  O  Q  L  V  Ö
J  N  Z  I  A  W  R  R  D  G  G  R  O  J  T
G  A  J  Ä  Ä  T  N  E  J  H  Y  T  N  T  S
Y  N  A  Z  Z  I  P  H  P  E  L  K  K  Ä  Ä
K  U  V  I  T  E  L  L  A  U  H  Z  E  Q  Ä
L  Q  T  V  B  B  Z  C  X  Z  E  B  T  H  S
```

TILAA	SALAATTIA
TOIVOA	ASIAKKAAN
PAPUKAIJA	UHKA
KANELI	SÄÄSTÖÄ
PELKKÄÄ	KUVITELLA
VASARA	TEKNOLOGIAA
PIZZAN	TYHJENTÄÄ
KAHVA	HERRASMIES
KESTO	SIVIILI
YHTEISKUNNAN	MIELESSÄ

Puzzle 56

```
S  L  P  M  E  R  B  Y  M  V  S  V  C  F  S
E  A  P  I  Ä  Ä  T  S  Ö  Y  R  U  D  D  P
I  H  U  S  E  R  A  N  T  A  R  Y  X  J  W
T  J  L  E  M  N  I  Ä  N  O  W  K  U  B  N
S  A  L  S  F  N  E  E  T  N  Ä  L  K  E  S
E  K  O  I  V  N  C  M  G  T  P  Y  V  Y  M
M  K  T  X  G  X  U  K  P  J  T  I  E  Q  Ä
Ä  U  A  U  T  U  A  T  S  I  M  O  R  M  P
S  U  T  C  M  A  N  S  I  K  K  A  E  D  F
U  S  T  P  E  S  T  Ä  Z  P  V  G  N  X  H
Z  Q  U  K  I  R  J  O  I  T  U  S  A  S  U
X  N  A  Ä  N  I  R  Ä  J  Ä  H  T  Ä  Ä
K  Y  K  K  O  R  K  E  I  M  M  A  N  Q  A
T  E  H  T  A  A  N  S  U  O  J  E  L  L  A
```

KORKEIMMAN	MANSIKKA
MYRKKYÄ	LÄNTEEN
ÄÄNI	TEHTAAN
RYÖSTÄÄ	PIENEMPI
SEITSEMÄS	KIRJOITUSASU
RANTA	KAUTTA
RÄJÄHTÄÄ	LAHJAKKUUS
OMISTAUTUA	SUOJELLA
NÄIN	PESTÄ
VEREN	PULLOT

Puzzle 57

```
M U O K A T A L Z I P I T T K
R Ä I K K I E L B P E D A U I
R Ä L U Y O T H T E T E V N L
T T U J T P S C E R T N A N O
P S T V N E A H R H Y T L U A
O I K E Y T A I R O N T L S Z
R D P N S T H U O N Y I I T F
N H G P B A E K R E T S S U H
K Y Z P U A X K I N S E T S R
A K I V I R U A W X O T A A B
N Y M Q F P I N E N I K N E H
S J I T S O N E I H N F D D P
I D M A R E I N I S K E D N I
K E S K U S T E L U N L X N X
```

HAASTE
KESKUSTELUN
INDEKSIN
HENKINEN
KILOA
TUNNUSTUS
KIVI
PERHONEN
LEIKKIÄ
PETTYNYT

PIPPURI
HIUKKANEN
OPETTAA
KANSI
IDENTTISET
TAVALLISTA
HIENOSTI
MUOKATA
TERRORI
YHDISTÄÄ

Puzzle 58

```
T D Y L E H N W H O L L U T P
Y Ö N W E L C O I K K I R C Ä
M W R R P C T D S W L B W H I
O A O M E K G I T T E L O I V
W M A P Ä G W A O J A U H E Ä
T U G N S Ä T V R V Ä J L E N
Q A F K A C V B I L K M P R K
X L K Z G N M Ä A K I Z Y I A
U D Q I W V T I T T Ä L L Y K
R I N N E A J A T T E P O S K
B E G E L L O C I C K W J X A
H F G Q N E S K U A T H O K R
A D A A S U T O R O K U G D A
A I K A N A S N O W D R O P S
```

YLLÄTTI
SAADA
HISTORIA
TÖRMÄÄVÄT
VIOLETTI
MAANANTAI
OPETTAJA
COLLEGE
AIKANA
JAUHE

KOHTAUKSEN
NELJÄ
KOROTUS
LAUMA
SNOWDROPS
PÄIVÄNKAKKARA
RIKKI
UNEN
RINNE
OLLUT

Puzzle 59

```
G E Z A A Q Y U Q R Q J V Y S
F H Z A V O Q R H U Z T I S O
Q K O N A O N L I N E M I T S
A Ä R Ä T Ä V E L T X G K Ä I
U F M A S E N T A A Y A O V A
K O U L U T U S L K D S N Ä A
K K K T O Z P U L F U R L K L
I L A O J P N U A X A U O I I
I D X A E T Y K I T S U P H N
L Y K U P T W S K A E M P P E
V U O R I P T Y K P N W U K N
M U U T O S I U I A N M N Q Y
B F B Y W B A I A N E I A B B
S Q S H U D I U K A A V O K F
```

KOVAA
LEVÄTÄ
MENI
MUUTOS
KOULUTUS
EHKÄ
KAAPPI
YRITYS
IKÄ
ASENNE

VUORI
TAPANA
YSTÄVÄ
LIIKKUA
JOUSTAVA
SOSIAALINEN
KAIKKIALLA
KOETTU
MASENTAA
VIIKONLOPPUNA

Puzzle 60

```
M A P E D E L L I S E N Ä V K
C A B I Y E I G R S I D V A Ä
I R O T T O O M S U A T F R Y
S R B H T U H N A A M L N J T
A E K U E Ä U C I R I X A O T
A N A R D N R S V E O Q Y H Ä
V R V I Y H R S L E V U Y P Y
U I E I Ö E A Q I T O B Z I T
T Q R K L V C N P O N R W I Y
T N I E K R O K K N I B W F M
A P A A F B T D G E A U J R I
A N E N I A L I R U P M A H S
K M H O I T O O N I O L J L T
O H B A N T U W L E V R T V Ä
```

HAMPURILAINEN
PAINOVOIMA
KAVERI
MOOTTORI
PITUUS
HANKE
HOITOON
VEHNÄ
NOTEERAUS
LÖYDETTY

VARJO
PILVI
SAAVUTTAA
KORKEIN
SAI
AARRE
HALASI
KÄYTTÄYTYMISTÄ
EDELLISENÄ
KIIRUHTI

Puzzle 61

```
X S K E R U J J A H R V T M Z
A S S O T S A R A V L I U O L
K K J M H E R Q O K T I N N U
P O U X U N I R K V O S T I M
E L H A L N I J K A E A I M I
L I M T F E P U I A D U A U U
A I G S A N P O R R T D N T K
A K I I C P U D C A J E O K K
M U C M T I M A Ä H I N K A O
I N O A Z N A P I E N I K I R
N T D T D T T H H R P Q I S L
E A F S W A O A K Q S I A I G
N K G O H A N G S M R D K A H
Y P W B I N P N O P E U S F Z
```

OSTAMISTA	PIENI
VARASTOSSA	RIKKOA
KIPEÄ	JUODA
NOKKIA	VIISAUDEN
RIIPPUMATON	JAKO
VAARA	PINTAAN
MONIMUTKAISIA	PELAAMINEN
TUNTIA	KOHTA
LUMIUKKO	ENNEN
NOPEUS	LIIKUNTA

Puzzle 62

```
C P X P P N O J A T U O L I K
H K D N T E M L O K U U P E Ä
Q E H U O A I P Y R P P E W Y
R M R M T J H L K S G J R Y T
N Q V K O A K G I E I D U L T
A Y I Y U A M L E D A V S P Ä
A L A S V L B H Y E Y G T E Y
S I U U M M L T A P P I A Ä T
S E P M S J T I L P C A A E Y
I K U E Q U E T N A I D E M Ä
L K E K J A M Ä R E I N A I E
O R M O Q X K T R R N T G R V
U Y U K H I U S X C N Z W K V
H N A A T L A E D D J S E X C
```

KÄYTTÄYTYÄ
HERKULLINEN
VADELMA
NOJATUOLI
TÄTI
PERUSTAA
MEDIAN
NYRKKEILY
HUOLISSAAN
TAPPI

LAAJA
SUIHKU
ALTAAN
VUOTO
PUU
ALAS
KOKEMUS
PEILI
YLPEÄ
KOLME

Puzzle 63

```
H U O L E L L I S E S T I S F
L Ä H E T Y S T C D Ä O R U D
P A L V E L U K S E S S A O R
H S Y L E E N S Ä T S U I S E
A O P I T O O N H U I L M I K
V S T E R Ä V I Ä N V K L K K
A E Ä M L N R Z D N Ä O E K A
I N V P I I M B Q I T N G I L
T I Y Q M T D D L S T Ä N T I
A A H P F U T L D T E K O U I
M M D P N U C A A A T Ö O N K
R B A T U N U H U P Y U E N E
U S M N P I W N I S Ä K R I N
W T W O R M S P K S K L Q N O
```

TUNNISTA
PITOON
REKKALIIKEN-
ULKONÄKÖ
LÄHETYS-
KÄSIN
KÄYTETTÄVISSÄ
AINESOSA
HUOLELLISESTI
TUNNIN

HYVÄT
ONGELMIA
PALVELUKSESSA
YLEENSÄ
HAVAITA
MINUUTIN
SUOSIKKI
TERÄVIÄ
PUHUNUT
MITTAUS

Puzzle 64

```
M Y P J O H T O O N R R T U A
A U M A N T E E K S I E A M E
I D O P L U Z P L C R T M O P
T Y C T Ä T N Y S Y K K M R H
A E Q E O R U Y F W H I E A J
N B N D T K I D I B Y K N A E
E T A L S P U S O G O U T L H
I N A L O U L V T M J N E I D
S A K D B N S A A Ö K T R S O
N C S E A H O R H K Ö A H E K
Y J O T L W O V N H Q N O N A
K L K X T I L I A U B H J B S
V A R V A S O O V V G K A D Y
I N N O K A S E U N E L I A S
```

ENKELI
EHDOKAS
YMPÄRISTÖÖN
MUOTOKUVA
MORAALISEN
TAMMENTERHOJA
ARVIO
ANTEEKSI
VANHA
KYSYNTÄ

VARVAS
AITA
SOOLO
KOSKAAN
JOHTOON
LUOLA
RETKIKUNTA
KYNSIEN
UNELIAS
INNOKAS

Puzzle 65

```
A V A T I A T S T H Ä Ä T M T
V H I O I C I O A K A A K I E
H C D O D Z I N I V O A T T R
O J Z I P J O O P I L J Y T Ä
S D J H S T T U U E E O Y A V
O K S Y K T D H M S N N T A Ä
S O P I A U U E U T N E Y M K
P P I S P P T N S I A U V A Ä
W A P R P O Z R U N I V Ä L R
W H P S N L K E L T S O I L K
U V R E F O W H J D T B N A I
B C S I R U A N M E A X E W S
J R F N G I S I Ä K Y N N L E
J O M K X T N E N I A K O J T
```

LOPUT
TAIPUMUS
NAURIS
HERNE
AJONEUVO
PAPERIN
AHDISTUNUT
TAITAVA
NYKÄISI
VIESTIN

HUONO
OLENNAISTA
TERÄVÄKÄRKISET
KAAKAO
TYYTYVÄINEN
SOHVA
SOPIA
JOKAINEN
HÄÄT
MITTAAMALLA

Puzzle 66

```
Y S D G V A P A A N A S N B P
T R G M P Y Y N N Ö S T Ä E B
O S I I S U I H K U L Ä H D E
I I L T T A R V I K K E E T K
M I D U T S I S A R E N S A Y
I R F Y O Ä M H Y T L Q M C S
V T U O R K V T O I M I N T O
A O K U A T Ä B G Y N E L S
T C F W G G Q N T A R E Q L S
U N E L J Ä N N E K S E L L Ä
K O N F E R E N S S I N W K I
K A U P A L L I S I A I F E X
S Y P O U M I T Ä E X A Y V V
Q X V A R S I N K I N I J P W
```

SYKE
MITÄ
NELJÄNNEKSELLÄ
VARSINKIN
KONFERENSSIN
TYHMÄ
PYYNNÖSTÄ
TARVIKKEET
TAUKO
LUOKAN

VAPAA
SIIRTO
SISARENSA
SANA
TOIMIVAT
SUIHKULÄHDE
YRITTÄVÄT
KAUPALLISIA
AINEEN
TOIMINTO

Puzzle 67

```
V L K V K S U T E K S O K L O
A Ä R Ä I A P E N N I Ä U Ä I
I H O H I M A O Y D O B N Ä K
H E K I W E O V X P L R I K E
T T O T V J Q H A M Q S N E A
O T T E V A G K S U L N K T S
E Ä I N N A R X V I B I A I T
H M I J M R Z J J T P K A E A
T Ä L P E K T P O A P I L T A
O L I Ä R O L I Z S U L L E N
I L R I K U K P Q Q S S I E Y
S Ä O V I V J O N K A A N N N
I U U Ä N A D F X Ä Ä T E I T
A U N N T E R V E Y S C N K Q
```

TERVEYS-	PENNIÄ
KUNINKAALLINEN	PÄIVÄN
LÄÄKETIETEEN	IHO
LÄHETTÄMÄLLÄ	VÄHITEN
VARJOSSA	VAIHTOEHTOISIA
OIKEASTAAN	MUITA
MERKIN	KROKOTIILI
TIETÄÄ	JONKA
KAAVA	VUOKRAA
KOSKETUS	NUORI

Puzzle 68

```
L F H K K O C R Y T O F V O V
I Z D P A U U G N E M X I L A
S H J C A S U G E D A W R E R
Ä T C S K R T J S D A M A T O
K N V Z T T P E I Y N A L T I
S F V N A R E M A K S I L A T
I A O U J A H R K C A K I A U
T A V A R A A Ä O Q R U S D S
M E L K E I N Ä J U Y I E E L
X E O F A A H K Y L E S S T M
Z A N U U R T I S B N E T X B
O W T A M M E H N A V N I Z M
J Y I R E T P O K I L E H T T
S V Q R Y L X L V U O N N A O
```

SITRUUNA
TEDDY
TAVARAA
LOHIKÄÄRME
OMAANSA
VANHEMMAT
JATKAA
HELIKOPTERI
VUONNA
OLETTAA

JOKAISEN
VIRALLISESTI
KUU
LISÄKSI
KASTE
KAMERAN
HAJU
AIKUISEN
VAROITUS
MELKEIN

Puzzle 69

```
S  D  R  V  Y  V  M  E  T  K  S  E  L  V  Ö
U  O  F  F  N  A  Y  K  Ö  U  U  T  N  E  P
S  X  T  Ö  O  L  R  E  Y  U  H  N  K  Y  Ö
I  C  M  I  M  H  S  R  K  N  T  I  Y  P  S
A  C  W  T  L  E  K  C  E  N  E  M  S  O  B
K  J  N  H  M  A  Y  X  Ä  E  E  I  Y  H  Z
L  T  A  Y  N  O  A  B  T  L  S  T  M  J  Y
U  A  V  A  K  U  M  L  T  L  S  T  Y  O  K
J  W  P  W  N  Y  Y  T  L  A  A  Ä  K  I  A
M  N  Q  S  X  T  F  F  S  I  K  J  S  S  S
N  O  I  N  I  D  O  R  M  T  S  Ä  E  E  V
E  G  O  T  O  Q  R  I  N  W  L  I  N  E  U
T  Ä  Y  T  T  Ä  N  Y  T  F  A  V  I  N  A
L  U  K  S  U  S  T  A  W  V  G  E  F  N  Q
```

YHTIÖ	ANTOI
MYRSKY	LAPSI
KYSYMYKSEN	LUKSUSTA
KASVUA	POHJOISEEN
SOTILAALLISIIN	KUUNNELLA
JULKAISU	MUKAVA
NIMITTÄJÄ	SUHTEESSA
VALHE	PENTU
TÖYKEÄ	TÄYTTÄNYT
NOIN	SÖPÖ

Puzzle 70

```
Z  J  S  T  A  M  R  O  M  K  Z  M  M  U  P
A  N  I  Ä  T  T  I  R  E  A  F  K  U  H  I
K  Q  J  L  N  U  A  K  Y  R  B  Q  I  K  N
R  P  N  L  R  K  N  Ä  K  Y  V  Ä  S  E  A
M  E  N  E  E  K  S  Q  Z  L  E  Y  T  R  A
S  F  L  K  E  I  T  T  I  O  S  O  I  M  T
G  F  J  S  M  T  A  A  K  L  A  Y  M  A  T
C  W  X  E  E  W  S  U  A  L  A  A  M  J  I
N  O  Y  K  P  Z  E  A  N  I  I  L  I  S  E
I  L  T  A  N  A  M  M  I  I  U  J  L  A  X
M  L  X  T  T  H  A  T  T  U  U  J  R  U  K
M  U  V  V  O  O  A  A  T  T  U  U  V  I  S
Ä  P  W  G  S  C  S  Z  K  D  D  O  L  L  O
L  E  S  M  S  H  U  A  Z  Z  V  Q  X  V  A
```

TIKKU	MENEE
ESILIINA	ALKAA
OSOITTI	ASEMAA
KURJUUTTA	SIVUUTTAA
PULLO	MUISTI
PINAATTI	NÄKYVÄ
LÄMMIN	KESKELLÄ
ILTANA	ERITTÄIN
ASTEEN	SOTA
KERMA	MAALAUS

Puzzle 71

```
M V T K X T R W Q Q S O S Y U
A E S N A I S I E K A M I H Y
R N E P I I X X O G X W S D Z
K E L T L N K W A U D J Ä E K
K E V U C N E K N E N H L S R
I N Ä L T E S N I W K G T S I
N B S L Ä R A X I E B T Ä Ä I
O R T E M I A G C N N V V D T
I K I S L I T E H B T L Ä V T
L E M T I H T I O D X Ä T H I
L K W A S I U T O U S R Ä C N
E N H K A V A T S A K A R N E
S A L A I S U U D E T Q A P N
P I T Ä V Ä T K Y K E N E E A
```

SUOTUISA	KYKENEE
SILMÄT	KATSELLUT
RAKASTAVA	KRIITTINEN
KAIKKIEN	HIIREN
PITÄVÄT	MARKKINOILLE
ENINTÄÄN	HETI
ÄITI	MAKEISIA
VENEEN	SALAISUUDET
SELVÄSTI	SISÄLTÄVÄT
YHDESSÄ	AUTTAA

Puzzle 72

```
H V E C A L M T A L V E L L A
I K I Z E Q E A A V A I J P X
Q Z F R M B N N A Y Y R N A S
F U Z S K P V B T P I S E I L
L E B N P A L P N O E I N N T
P A R S A K A A L I K R I E E
J Ä T T I M Ä I N E N O Ä I R
B W A B T T O I S T E N N N Ä
G D H I T T E P O U N V I E S
M U U J Y D G W E O I O S O Z
I B T P Ä U D C F E O L K I J
A N Q Z N Ä Ä T I M V I Y T F
Y K S I T Y I N E N R S X C P
T A R K K A I L L A A I F Y Q
```

NÄYTTI	ARVOINEN
TARKKAILLA	TUHAT
PARSAKAALI	MAAPERÄ
OPETTI	LENTOKONE
LIESI	JÄTTIMÄINEN
YKSINÄINEN	TOISTEN
VIRKA	MITÄÄN
TERÄS	AVAA
TALVELLA	OLISI
YKSITYINEN	PAINE

Puzzle 73

```
C  L  D  I  K  T  U  P  F  V  L  N  H  L  N
T  U  T  J  U  N  E  L  I  Ö  N  Y  U  M  E
H  U  Z  O  R  R  P  D  E  W  E  T  U  A  M
O  I  N  K  J  K  Ä  Y  R  Ä  R  G  M  I  A
P  J  H  T  A  V  G  K  I  A  I  M  E  N  K
E  R  Z  Q  U  A  J  J  Y  X  T  L  I  I  S
A  O  F  Z  K  I  M  Y  P  Y  Y  U  D  T  U
K  I  E  R  T  Ä  M  Ä  Ä  N  I  I  E  T  I
A  R  K  R  O  O  L  I  S  I  S  S  N  U  H
Z  O  A  J  K  H  P  R  V  U  E  T  C  A  M
V  J  S  O  O  A  D  M  I  T  S  E  C  J  I
O  Y  O  F  H  K  Q  G  Q  S  T  L  Q  J  S
P  A  J  U  Z  T  A  L  R  I  I  L  X  F  I
L  E  O  P  A  R  D  I  S  Q  B  A  X  G  Ä
```

LEOPARDI	NYT
MAINITTUA	HOPEA
PUTKI	KIERTÄMÄÄN
KÄYRÄ	KURJA
ISTUIN	MAKSU
PAJU	HUUMEIDEN
TUNTUI	NELIÖN
ROOLI	JOKA
LUISTELLA	ERITYISESTI
IHMISIÄ	OSAKE

Puzzle 74

```
W  P  C  G  L  S  Z  A  S  T  U  A  M  Z  K
L  G  Y  T  N  I  S  S  N  A  T  Z  U  U  O
S  U  S  I  E  B  K  S  I  M  E  U  S  R  P
Y  S  H  Y  N  P  Z  A  Y  I  T  T  I  O  V
K  O  K  E  I  L  U  N  I  Z  F  T  I  S  A
V  C  G  M  I  H  K  U  O  N  G  E  K  A  R
E  F  I  A  T  H  P  E  Z  E  E  K  K  T  O
R  V  Z  T  O  O  R  R  S  H  T  N  I  U  V
O  U  N  T  K  K  U  R  K  K  U  D  A  T  A
A  Y  O  O  K  Ä  Y  T  Ä  N  N  Ö  N  T  I
R  U  N  S  A  A  S  T  I  C  B  Z  M  A  S
T  E  R  V  E  T  U  L  L  U  T  W  K  A  I
A  M  L  V  I  H  A  N  N  E  S  T  E  N  A
A  V  S  H  O  W  E  S  I  I  N  T  Y  Ä  M
```

KURKKU	VEROA
SUSI	REUNASSA
MUSIIKKIA	TERVETULLUT
VOITTI	TANSSIN
VIHANNESTEN	KOTIIN
LIKAINEN	KOKEILUN
KÄYTÄNNÖN	VAROVAISIA
RUNSAASTI	SHOW
KETTU	MATTO
SATUTTAA	ESIINTYÄ

Puzzle 75

```
S T H V X L V E T Ä Y T Y Ä P
U A N S V N A A M A A V U K E
S U I L L I V I N U Q N N S R
E K D P A M Ä Ä T T E I V U I
L T J I P Q K D A O U L H L N
V A O V S U B Ö J P K K Y K T
I R T K Q A A Y A L M S Z E E
Y K A X M U S S R P J M E A I
T K I N E N I U T O U V M N N
Y A N J I X R C K L R P U W E
V I D U W Y Ä B V K O F F S N
Ä L R L T A V A T S A J L A P
T U K A S T A N J A T A Z C B
V O I M I N J N E D I E T A S
```

SULKEA
VÄRI
VUOTUINEN
RAJAT
VILLI
SYÖDÄ
KUVAAMAAN
KASTANJAT
PERINTEINEN
UUDISASUKKAAT

TARKKAILU
VETÄYTYÄ
SELVIYTYVÄT
SAIPPUA
VOIMIN
JOTAIN
LAITOKSEN
SATEIDEN
PALJASTAVAT
VIETTÄÄ

Puzzle 76

```
M N T A R K A S T U S A L S Y
U L L U H L E H I D Ö K E I K
A L B H H U E Y D Q X Y H P S
A M L E G N O V P U V Y T U I
A O L M Z V B L E U T N I L N
U U B G V E Y T T Y E S Ä I K
T K E S Ä N T W P A S U T T E
U E T E E N P Ä I N Z U S Q R
A N J S S T D F X X J N Y A T
J E T X N U B N E D N T T H A
O K K I S T O X O W M I S H I
U A J A T T E L I N D I I F N
S Y R J Ä Y T T Ä Ä G N D B E
A K T I I V I N E N E P E D N
```

SUUNTIIN
LEHTIÄ
YKSINKERTAINEN
SUOJAUTUA
LINTU
HULLU
LEVEYS
SIPULI
HUOLTA
ONGELMA

AJATTELIN
ETEENPÄIN
OTSIKKO
MEHUA
KESÄN
TYÖ
EDISTYSTÄ
SYRJÄYTTÄÄ
AKTIIVINEN
TARKASTUS

Puzzle 77

```
O L Y S M F H X K I E Z B R K
S S I V S A K P T E E L H Z E
A V O I S A A P U A L A R L R
A X C I T S X E T M E L G N T
L N A A T T O J I U T L O P O
I X M T V T Y N R S N A A M J
S C J E X A A Ä K O E Z K F A
V P B Y Z J A V V L K V T M N
A U N A N T L Y A U S J S Ä C
U E D E T Ä U O Y T Ö T G R U
V E Q Q T K S M C Y Y T S Y P
A T U O M A R I I R T O S P H
N U L I A P L I K N D U L M Q
K A N S A L L I S E N Z J Y S
```

MAAN	KERTOJAN
TYÖSKENTELEE	TUIJOTTAA
PYSTYY	KILPAILUN
SAALIS	VAUVAN
OSUMA	KASVI
EDETÄ	ALLA
OSOITTAVAT	SAAPUA
KANSALLISEN	TUOMARI
KELLO	LIITTYÄ
SULAA	YMPYRÄ

Puzzle 78

```
K P Y P S A T E I N E N M V J
U A H U Ä U S V A V C L B D Ä
U K D H H J K A H T E N A B L
S K E E O M I N A I S U U S K
I A K L J A L L E S T A K W E
L S S I U L S I E T C O A L I
U T Ä N A V X I T T O L I P S
U A N I S E X S A V T O Y L E
T X F V N B H I P N A Y Y B N
G M X Y M L F O B J A R Ä R G
D J M H W O Z V T M J J M N U
R Y P P Y H W X I R E W A A C
R K W W V K S U H T E E N J M
W K A A T O U V S V C C Z V A
```

VUOTAA

RYPPY

PILOTTI

KATSELLA

NÄYTTELIJÄ

HYVIN

KAHTENA

PAKKASTA

TUULI

VARMA

ASIANAJAJA

KUUSI

JÄLKEISEN

YHDEKSÄN

VOISI

SATEINEN

LOHKO

PUHELIN

SUHTEEN

OMINAISUUS

Puzzle 79

```
J  L  V  K  O  I  C  G  O  M  K  L  O  P  V
W  E  I  Q  A  L  S  M  T  S  A  I  Y  O  P
F  V  E  V  V  O  G  U  A  E  T  K  S  I  V
C  S  L  C  I  B  C  Q  V  X  A  A  U  K  U
L  R  Ä  A  Z  R  Y  M  A  E  N  A  N  A  H
Y  M  M  Ä  R  T  Ä  Ä  L  K  L  T  E  U  M
T  A  I  V  A  A  N  U  L  A  H  N  D  U  T
G  A  V  E  Y  O  E  P  I  C  O  E  U  P  K
C  O  C  K  T  A  I  L  N  P  Z  J  O  P  E
C  I  B  S  P  M  D  U  E  U  C  A  L  I  N
K  A  L  K  K  U  N  A  N  C  O  A  A  I  G
V  E  D  E  N  K  E  I  T  I  N  L  T  R  Ä
T  U  R  V  A  L  L  I  S  E  S  T  I  J  T
M  A  A  I  L  M  A  A  A  V  S  A  R  O  R
```

MAKU	LAAJENTAA
TAIVAAN	VEDENKEITIN
COCKTAIL	HALU
VIELÄ	TALOUDEN
RIIPPUU	OSTANUT
POIKA	KENGÄT
YMMÄRTÄÄ	TURVALLISESTI
RIVI	KALKKUNA
RASVAA	CUPCAKE
TAVALLINEN	MAAILMAA

Puzzle 80

```
V A P P A I K A L L I S I A U
O Y I I N X A S Y V Ä Ä N J L
X T I F O B Z D P P A I N O U
H U K K U V A T G G X A A G A
K I Y T H Ä S Y P L J X T W T
I P M I I N U A K Ä O M E N A
L T U N S N R A K H R X T D K
P I S O J H V T I T F I N O I
I X E M A H T S H E A I K Y A
K Z O U G S A I L E T U I A U
O K K U O J Z U M E N N Y T S
N I F A O Q D M N R J B K M Y
N T O M A A T T I Q O F Z K O
A Ä R S Y T T Ä Ä V N S L E L
```

JOUKKO   MUISTAA
PAIKALLISIA   HUKKUVAT
KASVOI   HAME
OMENA   TOMAATTI
AIKATAULU   UTELIAS
SYVÄÄN   RIKAS
MENNYT   KAUNIIMPI
ÄRSYTTÄÄ   MUSEO
LÄHTEE   KILPIKONNA
PYSÄHTYI   PAINO

Puzzle 81

```
V  C  H  W  C  U  K  I  F  E  H  P  T  A  Y
U  A  I  P  P  O  I  A  E  P  O  N  Ä  H  L
F  I  A  A  L  O  O  A  A  I  X  V  H  U  Ä
T  D  H  L  N  E  K  T  F  P  N  F  T  O  P
V  P  K  T  E  N  E  T  Q  M  A  F  I  M  U
I  A  A  R  N  I  B  I  D  J  E  T  G  A  O
E  I  T  O  I  M  S  O  T  E  H  O  A  U  L
R  K  O  O  L  M  P  S  Y  Y  S  I  Ä  T  E
O  A  A  P  L  E  P  B  A  K  E  Y  T  U  L
K  N  V  P  I  R  K  P  F  Y  U  Q  B  S  L
S  T  A  I  P  A  A  O  S  L  K  F  S  W  A
U  A  T  S  Y  P  I  J  I  M  Z  S  S  P  V
V  A  Z  I  Y  A  Q  D  V  Ä  S  E  V  V  E
A  Y  Z  A  T  T  A  R  K  I  S  T  A  A  G
```

HUOMAUTUS	TYYPILLINEN
TROOPPISIA	KYLMÄ
KATOAVAT	DIA
SOITTAA	KOI
TARKISTAA	PAIKANTAA
VIEROKSUVA	VAALEISSA
NOPEA	OPPIA
PAREMMIN	TÄHTI
TEHO	KAAPATA
ETÄISYYS	YLÄPUOLELLA

Puzzle 82

```
K N R B T I A G H W E K T U Y
P A R E L L Ä J Ä T T Y Ä K R
Y M R Y U X J S C B S Q H L A
S E O T S A M L I T I P D A U
Y I X K T F J C L O P S E R H
Ä H A I T A H F O P P O T E A
H E L P P O U S U T U P L T L
L E I J O N A R T Z T I F E L
H Y Ö D Y L L I S T Ä V M L I
Y H T E Y D E S S Ä R A R Ä N
S M E K P H A L L A N N A R E
A D T I E T Y T P A Q X L O N
M G W J G K P H O L C S C E A
A M R C H M E F T T F S A J W
```

YHTEYDESSÄ	POIS
RAUHALLINEN	ETELÄ
PYSYÄ	KARTTA
HELPPOUS	ALKU
TÄHDET	TIETYT
RANNALLA	SAMA
KÄYTTÄJÄLLE	HYÖDYLLISTÄ
PITI	SOPIVAN
TUOLI	LEIJONA
HIEMAN	ILMASTO

Puzzle 83

```
O R A N S S I A L Y S F K I R
S D N K O T K A A S T R A B P
I R E E T S Y M M T A G N F B
W M N J Y E E W P Ä N S S N S
V E I T S I D Q A V D I A V N
Q K Ä Y J L Ö L I Ä A G I P Q
G K S B A W E Z T L R N N T K
S I I S T I N Ä A L D A V A A
K C S L O L N V A I I A Ä S U
O Z Z I I D A V P N N L L A H
L O P O M H H S O E Y I I I E
E Y P B O L U Y K N T N N N A
A O M E U B A S F I M Y E E A
U Z Z I H J N V V S N I N N V
```

LAMPAITA	KAUHEA
KOTKA	HUOMIOTA
SIISTINÄ	LASKIN
SISÄINEN	MAA
ÖLJYÄ	VALMIS
VEITSI	KANSAINVÄLINEN
ORANSSI	YSTÄVÄLLINEN
NAUHAN	STANDARDIN
TASAINEN	KOLEA
MYSTEERI	SIGNAALIN

Puzzle 84

```
S O I N T D K K L E E R N M D
U I I E N G Q U K O R E S U P
U S N N N C U N I G H B A U A
S I E I M N E N I M E K U L R
I V D A N Y C O D G U I O K V
A H U L I E W S T Q J R P T O
J A A N M N S L S K U I E K
L J K Ä N S P A E I I U T D A
I I U Ä E H I T L O S T K E S
H S U R P Z Y G L Z K T Ä L Y
F Q K E M Y Y J Ä G H L A L Z
R L C A K T B W Ä M T U P E G
T U T T U J A K P A K K J E Y
L U O N N O L L I N E N O N L
```

ARVOKAS	EDELLEEN
LUKEMINEN	SININEN
PÄÄLLE	PUSERO
KULTTUURI	PITKÄ
VISIO	HILJAISUUS
ERÄÄNLAINEN	LOHKOT
LISTA	TUTTUJA
KUNNOSSA	MYYJÄ
PENNIN	LUONNOLLINEN
KUUKAUDEN	TIHEÄ

Puzzle 85

```
A O Y H Y S P K A G B O J V V
L W S R F S Ö S I R A V A A K
A A X W A E L G L R U X T L Y
R Z P Ä T C L J O F K L K O G
K F N S I E Ö Q U K K O O K L
I S G N E P K Y P U U U N U A
N I X E S N N I A V A P A V S
L A C S U I V H J V H Y M A K
H G L T K H D Q R Ä Y F A N E
O M N I R E T T A E T O T A M
L I H A N V B E S M A L U P A
S E U R A A T Q C O H Q U L A
M O T I V A A T I O X W M U N
N X Q H Y G E Z K D Z A O F V
```

HAUKKUA	SARJA
AVAIN	MOTIVAATIO
KIRKON	JATKO
PUOLI	VARIS
LASKEMAAN	MUUTAMAN
VALOKUVAN	SEURAA
LIHAN	PÖLLÖ
LAPSEN	USEITA
ARKIN	ITSENSÄ
TEKIJÄ	TEATTERIN

Puzzle 86

```
K P T U C X U P P O A A K H K
V A U U X K F J J A K U I A U
I L N O O C A O F R O S R A O
I E Ä S L T O D H E L K J S K
K H Ä G A U T B B D M O A T K
K M M M B L S O R A N I A A
O Ä L B Q V A T H O N N L T N
I H I W A M E I A B N O I T Ä
E T S Z O V N S N A E L J E K
V O I T A T C T S E N L A L Y
T A R K K A Z I O Q N I D U M
J O T T A T Y A R P L N Z S Ä
B G D G M D S P Y U O E P S N
K O R K E U D E S S A N F A W
```

KIRJAILIJA	NÄKYMÄ
UPPOAA	KOLMANNEN
EHDOT	USKONNOLLINEN
VIIKKO	TUOTTO
SILMÄÄN	BORDER
TARKKA	KUOKKA
KANSALAINEN	VOITA
KORKEUDESSA	PUOLUSTAA
LEHMÄ	PAITSI
HAASTATTELUSSA	JOTTA

Puzzle 87

```
P N S P O T H E N G I T T Ä Ä
S T V E D Ä K V I I S A S T A
U Y N S U Y I A A V I A V M V
A A N Ä A T V K U L B B Y L A
K L J T N T R I T N N E S B P
K A J A Y Ö B C P D I O N V A
I U C F T N Y E X E K S M I U
E T N M O E Y F Y Z Ä A O H S
L A I U D W L T L C V G U A E
J S Ä Ä T T I L E S E B T T T
L E H A N H I S A L L U M A A
S N L Ä H E T T I I L M I L H
K U I T E N K I N F Ä C W E A
G B D V E I T A L O U S G P S
```

TÄYTTÖ   PESÄ
TALOUS   VIISASTA
HENGITTÄÄ   VAIVAA
VIHA   KUITENKIN
AJATELLA   KÄVELLÄ
HANHI   AAMULLA
PELATA   VAPAUS
SELITTÄÄ   KAUNIS
LAUTASEN   LÄHETTI
LEIKKAUS   SYNTYNYT

Puzzle 88

```
T L N A J I L I E T I A T R P
A A I A N T I I K K I E Ä U E
V K V T E M B C G B F S Y N R
A K B O N S U T I O K E S S H
A I I H I O S O K E R I I A E
T I O U L T R V C T M C N A K
H T L T L E T T N G R E P T E
O I O A U R R E S I E N I P S
K L G H R Ä M L E T E N E M K
C O I I U N Y J N N R G X K E
N P A U S D C R N W A A Q Ä I
T A R K K A A V A I N E N Ä W
V Ä R I L I I D U T T Z Z R G
K U L J E T T A J A E E B I N
```

TÄYSIN   MENETELMÄ
TUHOTA   TAITEILIJAN
RUNSAAT   ERÄN
SOKERI   VÄRILIIDUT
BIOLOGIA   SIENI
POLITIIKKA   KÄÄRI
ANTIIKKI   SURULLINEN
KULJETTAJA   TAVOITTEENA
SEKOITUS   TARKKAAVAINEN
KOHTAAVAT   PERHEKESKEI-

Puzzle 89

```
P O Y S L L R L I N T U J A R
S U T N P A V A K U K K A N N
D T R Y U A E H K L T H J O A
S O A N Y T F R A E V O T T I
I U X O R I Q A B O N B Z O T
A L U H F K R T D A G N E D T
V I X N Q K F N X M E E E H L
P I U S N O U I C A N L W E O
J W I Z Y I T Ä V Ä L E E M V
O Q Y S U S T L E Ä N Q F Z G
T W C F I D A E L L I N E I P
R U O H O Z H B L E K O K O M
P Y Ö R I V I N O M M U M L L
T O K K O U V O K L A V I W A
```

PIENILLE	VOLTTIA
VIISI	ELÄÄ
OTTI	ELÄINTARHA
OUTO	KUKKA
EHDOTON	PYÖRIVIN
KOKO	VALKOVUOKKO
RUOHO	MUMMO
HATTU	RAKENNE
ELÄVÄT	SUUNNITELMA
LINTUJA	LAATIKKO

Puzzle 90

```
O Q H Y O I P P U K O H L J S
H Ä V Ä T L I I K O S U O O Y
B U M A U M U Q G Z A O P I Ö
V S N S U E O F E U L N U S T
K A H S H I M L M E L E L T Ä
S R F A Z N Ä Ä P A I E L A V
Ä I U V L E J I K A S S I J Ä
I A L U U N Ä E T T T S N W C
L S W T N U N H L T U A E G H
Y T N H Ö U I R D U J B N M T
T F U A D K S J N A A T H O K
T G W P Y O T T E L U Z N C D
Ä D T A Ö I D T K A C J V C G
Ä Z L T L R Y T N P Z S Y V A
```

JÄNIS
OTTELU
TAPAHTUVASSA
KIILTÄVÄ
SYÖTÄVÄ
HUONEESSA
LÖYDÖN
KRUUNU
PÄÄN
OSALLISTUJA

SAIRAS
KUUN
HUUTO
KOHTAAN
KUPPI
SÄILYTTÄÄ
JOISTA
ILMEINEN
PALAUTTAA
LOPULLINEN

Puzzle 91

```
N A R R U P G S L A A T U B A
B I T A P B I Y N W L Z F N U
U A M H H N E N I Ö K H Ä S T
V L R E F A I T D L G I K V O
E L K W N V A Y H Ä M L E P M
T A L O K O T M O M X E S F A
Ä I A V P G M Ä N P Q K K K A
Ä N M K V U J A U Ö A K U Ä T
V N P A M Q O X I O C I S R T
X U I B U E N L G S T T T S I
T K J A L A T H E S T R E I S
K A I V O K S E N L F A L V E
M I E L U U M M I N T I L Ä N
I L M A I S E K S I I A A T F
```

ILMAISEKSI
SÄHKÖINEN
KESKUSTELLA
RAHAA
LÄMPÖ
SYNTYMÄ
PURRA
KUNNIALLA
KÄRSIVÄT
JALAT

LAATU
AUTOMAATTISEN
VETÄÄ
ARTIKKELI
ULKOPUOLELTA
LAMPI
MIELUUMMIN
UNOHDIN
KAIVOKSEN
NIMENOMAISTA

Puzzle 92

```
V A I N K M V K Y A V V C F L
A Q Q E A W A R D Q I Ä L K O
R I S N H P S F V B I Ä S Y P
K M L I D E T V R U N R W R E
T D T S E R A E Y E I I L H T
I R Q Y K I P N V Ö R Ä M Ö T
N S E Y S L Ä N Ä F Y U I Y A
E V A F A A Ä U L P P A E R A
N K T G N I T S I H Ä J H Y E
U S N F N S Ä T L M L L I Ä W
U I I I O I P A L Z E A T Q Y
B T L D E A N A Ä L E I T C X
M A A T L A H U P K T N Ä A M
L F V N E D I E K I A V Ä Q T
```

FYYSINEN
VAIN
PUHALTAA
KAHDEKSAN
KUNINGAS
ARKTINEN
MIEHITTÄÄ
VÄLILLÄ
ENNUSTAA
VASTAPÄÄTÄ

LAIN
VIINIRYPÄLEET
LOPETTAA
VAIKEIDEN
VALINTA
SIR
VYÖ
ERILAISIA
HÖYRYÄ
VÄÄRIÄ

Puzzle 93

```
T M Z R P Q P P E N S S E L I
V B L F Q T V E M F I H Y H D
J U Y M U S A L L A K I S U L
N A U T T I A P A K K L A P W
M Y Ö N T E I S I Ä Ä E U L Z
G I Z M X X V K N T Q Ä A W I
L A S I D B O Q A S J A V U S
U D G P E Z U Y P I Y A A Ä U
Y N N X X Ä M B P M Z T T K T
R A T K A I S E M A A N S E U
A U S T U K X I U Q U A I R K
Q H N M M S L J K N Q R O R I
H U K Ä S I T E L L Ä A L A A
A P M A A N T I E D E P R N V
```

PUHUA   PALKKA
LOISTAVA   NAUTTIA
VAIKUTUS   RATKAISEMAAN
PENSSELI   PELKÄÄVÄT
MYÖNTEISIÄ   LUSIKALLA
PARANTAA   KUMPPANI
KUTSUA   MUOVI
MISTÄ   KERRAN
LASI   KÄSITELLÄ
ISÄ   MAANTIEDE

Puzzle 94

```
T E B Z V P Z G A L I S N Ä L
A A E I S A O N V V P I E K P
K S P I G A S R A T K K S A A
U A E A O N O T K W J A Ä A N
K M G A H Ö N O A K G X J S N
W A W L C T O V V U A Z F U U
F N D L D Ä U I F W S N Z X L
F L E U M M K M G Y W W A R L
U A F P J Y I S A C Y X X N A
A I V H A K V N Ö T Ä T I M Y
N N S B J Ä R H A K U P C N T
H E P M E N A V Ä H E M M Ä N
X N U W K H S Y T S E N E M I
V A L M I S T U S R X Z P K B
```

MENESTYS	MITÄTÖN
VAKAVA	KUKAT
JÄSEN	PORKKANAN
VASTAUS	HAKU
PANNULLA	VALMISTUS
KAHVIA	SIKA
VÄHEMMÄN	TAPAHTUMAT
LÄNSI	PULLAA
KAASU	SAMANLAINEN
NÄKYMÄTÖN	SARVIKUONO

Puzzle 95

```
S E K F K Y A I K R A H S T L
U Y I O E B G R E W L E U A I
B C I T S Z E F S A E L O R I
C S N T K A N A K U M P S P K
O U N O I E T P U P M O I E K
M O O N M R T P S P N T T E E
P R S Ö Ä Ä I G T M U T T N E
A I T Ö Ä M S Y E A V U U N
C T U T R A O K L L A U L L T
T T S T I A J O U Z O K K U J
N A T Y N J A R H A N B W O E
C A A Ä T P H T O R E J T K R
T A K K I G S T A V T Z H G C
H F G Y N G L I T S A E P O N
```

LIIKKEEN
KOULUN
LAMPPU
TAKKI
AGENTTI
SUORITTAA
HELPOTTUU
HAJOSI
TARPEEN
SUBCOMPACT

ERÄMAA
NOPEASTI
SUOSITTU
TIE
KESKIMÄÄRIN
MUKANA
KÄYTTÖÖNOTTO
KIINNOSTUSTA
KORTTI
KESKUSTELU

Puzzle 96

```
O U J T F A H U Y R O C K V M
K H F Q T F E S H M T Q O A A
Ä H J A Q E I K T E N K D R V
Y R M A G U T O E A S A R M A
T A L D U Y T L I H B K I A T
T V L X V S Ä L N H A K I S T
Ö U D B L B Ä I E M E U V T E
P O L I I S I S N N G R K I N
H Y P P Ä S I I A E W A A K N
Z A L L E V L A P L R A S H A
P I D E M M Ä L L E A H Z G K
S A N O M A L E H T I M L M Z
T E O L L I S U U D E N M S U
O S O I T T A U T U U I V E P
```

HAUKKA
ALAMME
KANNETTAVA
OSOITTAUTUU
TEOLLISUUDEN
HYPPÄSI
SANOMALEHTI
YHTEINEN
USKOLLISIA

PIDEMMÄLLE
HEITTÄÄ
VARMASTI
OHJAUS
HAARUKKA
PALVELLA
ROCK
POLIISI
KÄYTTÖ

Puzzle 97

```
H F Y O C W I B K F L K D W E
A U T U A J O U S E X M N S R
M E R I L L I N E N R B T U A
P V V U D I S T U S T D T H
U O N K A L A S T U S E O S A
R R A T K A I S T A A N S I S
I Ö R Ä P E W G U T W B O M T
L K Y K E N E E R T I D K L O
A Q W V D B S T E U D S J A M
I S I I R K T A M L X E S V I
N E N I T N E E T O H R E V T
E F E Z H L Z R H A L J K Z Ä
N E L Ä I N T E N D B H J J Ä
M E R E S S Ä V L N Ä A N W N
```

KERTOI   VERHOT
EPÄRÖI   ELÄINTEN
ERILLINEN   MERESSÄ
OLUTTA   KALASTUS
KRIISI   RATKAISTAAN
UUDISTUS   HAMPURILAINEN
RAHASTO   KYKENEE
ENTINEN   MITÄÄN
SATA   SUOJAUTUA
TEHDÄ   VALMISTUS

Puzzle 98

```
M R K R P U U T T U U J O Z S
K J U L E T T O T S O Q P J U
U E U X M K V A R M A S T I I
X H R Q C M K A M U I T A K H
O E X M A S X A Z O Z N T A K
L N P L A J C T L R D I Y H U
L O N I A P G T D I B E H T C
A P U E G H Z E W F I T M E L
P L I N A A P P L U T K Ä N N
I J U W A P L O Z N K A E A Ä
R A W D Z S V O I S I X K N M
O S G I P A B M B I C H W L Ä
K P Z S U A E R I S T E T T Y
T C E C P T P I D E T T I I N
```

PIDETTIIN   SUIHKU
LOUNAS   REKKALIIKEN
TAAS   TYHMÄ
NÄMÄ   MUITA
KORIPALLO   KERMA
OSTO   VOISI
TULPPAANI   KAHTENA
PUUTTUU   PAINO
ERISTETTY   OTTELU
OPETTAA   VARMASTI

Puzzle 99

```
B L R P H Y J B E C M V M P P
M J E U M E H T C R X Y N Q V
Z A P V B C R T W O H S Z J X
S P Z T E L X E M C C E T S T
A L K O I Y S D Y U T T A H A
K A M E S H S D O S E C A U R
K H F S K Y D Y T K D B V R V
U S O H V A D C J U H L A D I
S A I K T U T Ä K V Ä D M G T
R T Y Ö N T Ä Ä N A T T K A A
A O G V A J A T T E L I N R A
Y S E V I T A M I I N E J A N
F V S Ä Ä S T Ö Ä P U L L A A
R I V H N Z X U R N O F S T V
```

VITAMIINEJA	SOHVA
TUTKIA	TEDDY
TYÖNTÄÄ	SOTA
CROCUSKUVA	AVAA
SUKKA	SHOW
ALKOI	AJATTELIN
HALPA	LEVEYS
SYDÄN	TÄHDET
TARVITAAN	HATTU
SÄÄSTÖÄ	PULLAA

Puzzle 100

```
H  L  Y  K  D  N  E  N  I  M  E  K  U  L  W
A  G  B  J  A  J  I  K  K  I  S  O  U  S  N
U  Y  E  A  I  H  K  G  N  E  E  N  Ä  Ä  E
H  E  R  K  K  Ä  V  G  B  S  K  D  R  K  T
T  K  C  O  X  R  W  A  A  T  T  U  T  A  S
P  A  Ä  T  T  E  D  E  I  T  A  L  P  S  E
A  L  R  Y  K  Y  K  L  G  B  U  I  I  F  I
I  Y  C  P  T  X  D  X  R  Z  T  A  S  P  M
K  H  P  W  E  Ä  X  P  E  R  O  K  T  I  D
K  Y  D  F  W  E  V  C  N  H  N  K  E  I  K
A  T  M  S  F  C  N  Ä  E  L  Y  R  E  L  P
A  W  P  Y  J  J  I  X  L  I  P  A  T  O  V
G  X  L  K  R  J  D  U  L  L  O  T  G  T  W
R  U  N  E  S  I  L  L  I  K  Ä  J  M  A  F
```

MIES	PAIKKA
TIEDETTÄ	ÄÄNEEN
ÄKILLISEN	MIESTEN
ENERGIA	HERKKÄ
PISTEET	KAHVA
KÄYTÄVÄLLÄ	SUOSIKKI
AUTON	SATUTTAA
LYHYT	TARKKAILU
PIILOTA	LUKEMINEN
KYKY	TARPEEN

Puzzle 1

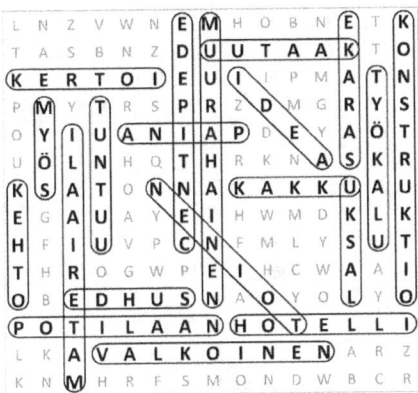

Puzzle 2

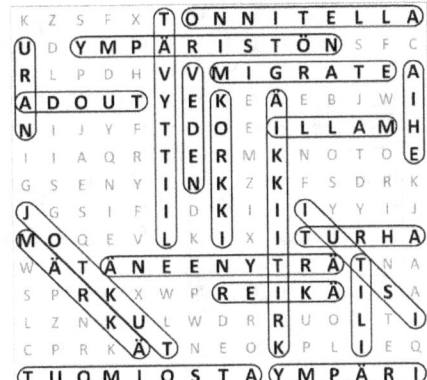

Puzzle 3

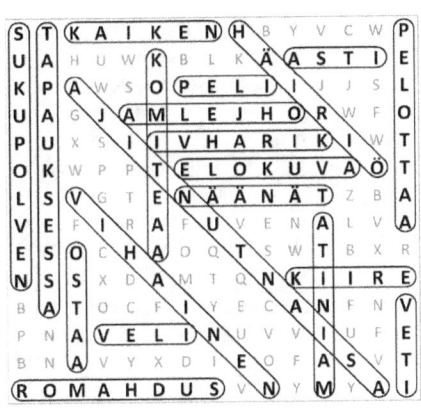

Puzzle 4

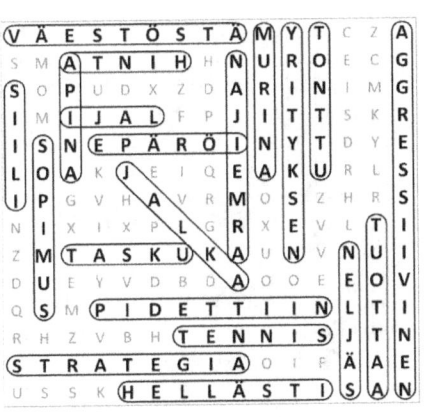

Puzzle 5

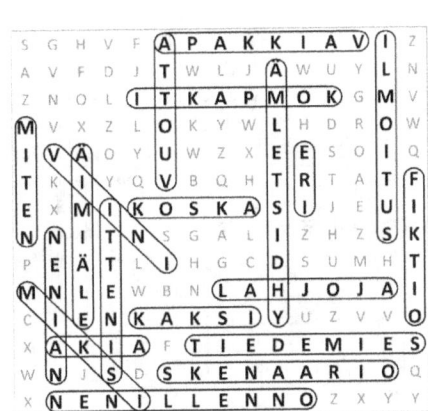

Puzzle 6

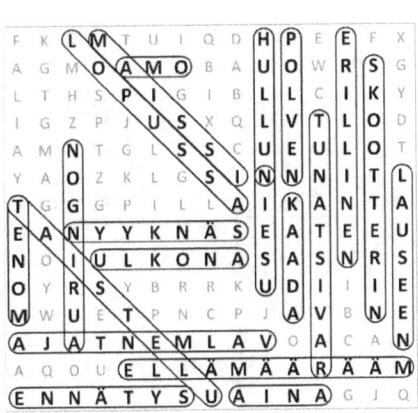

Puzzle 7

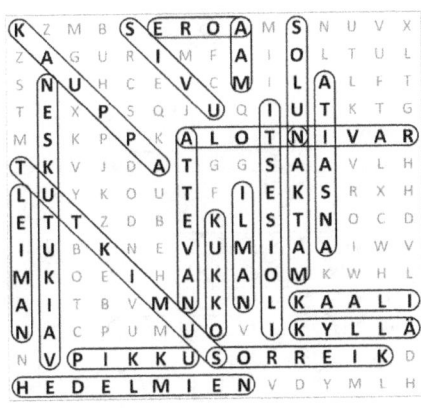

Puzzle 8

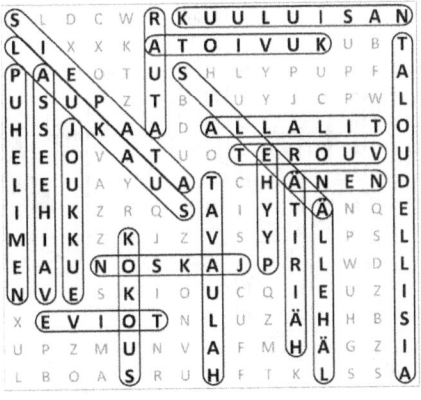

Puzzle 9

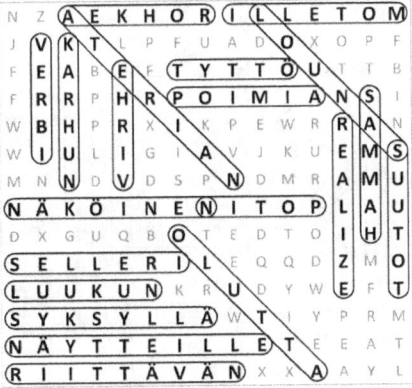

Puzzle 10

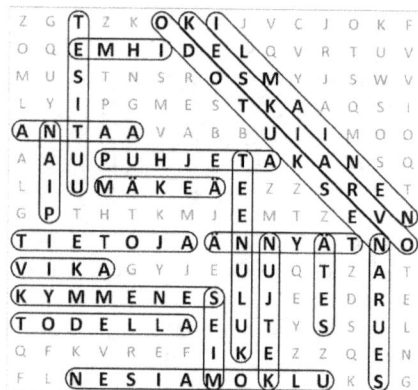

Puzzle 11

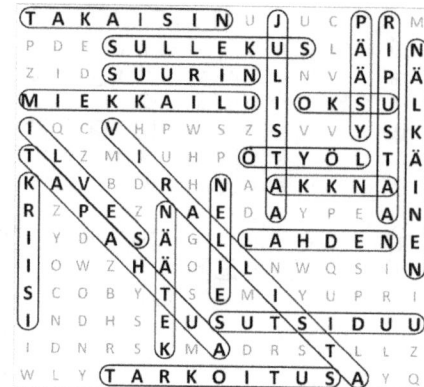

Puzzle 12

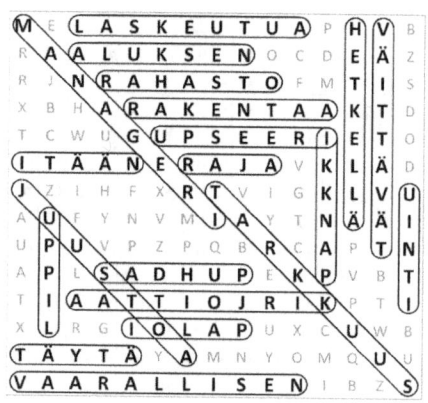

Puzzle 13

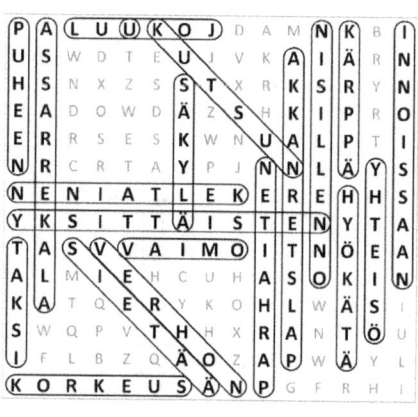

Puzzle 14

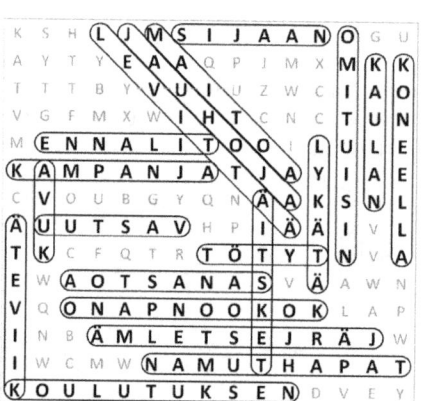

Puzzle 15

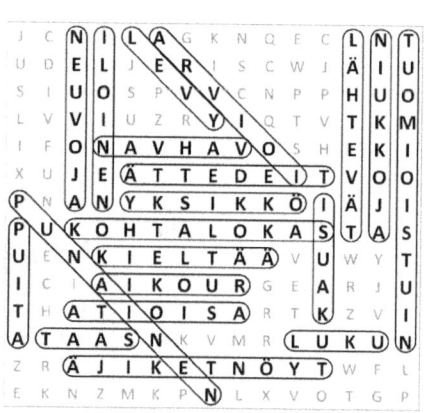

Puzzle 16

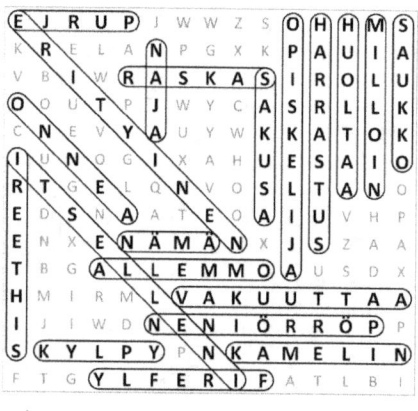

Puzzle 17

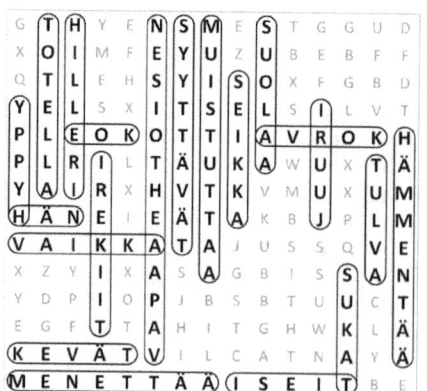

Puzzle 18

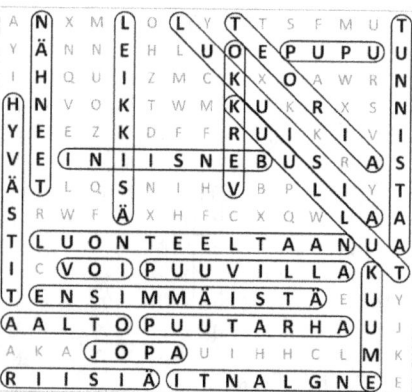

Puzzle 19

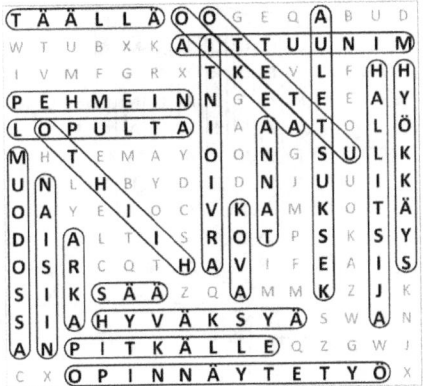

Puzzle 20

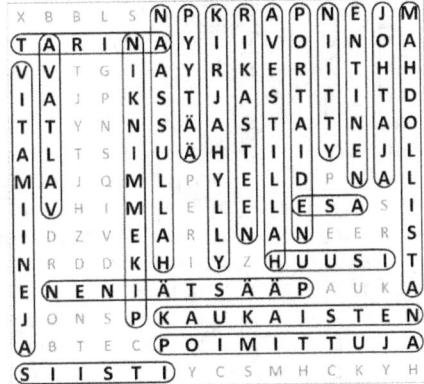

Puzzle 21

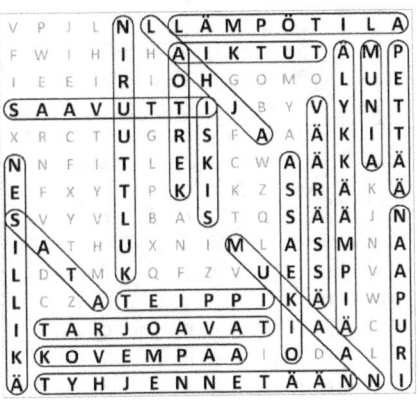

Puzzle 22

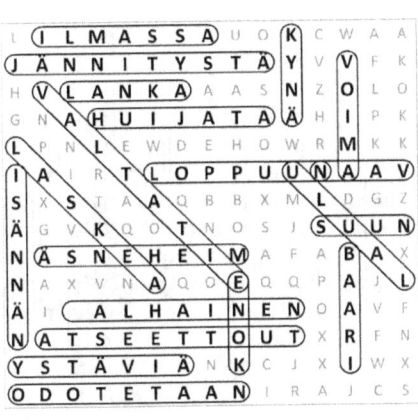

Puzzle 23

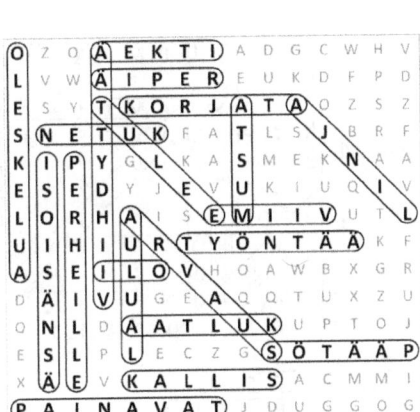

Puzzle 24

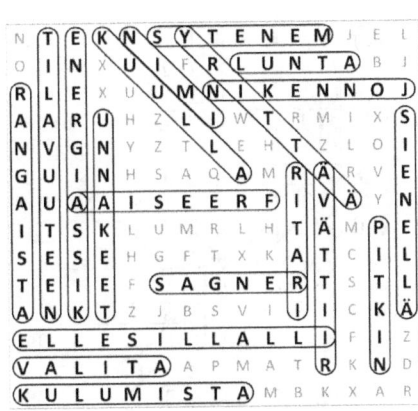

Puzzle 25

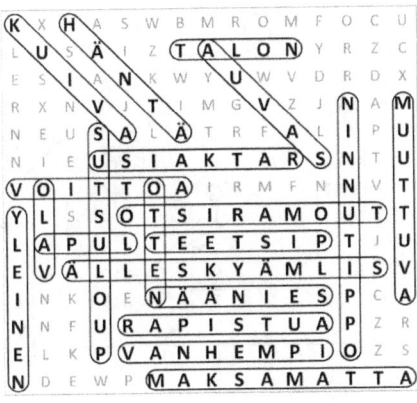

Puzzle 26

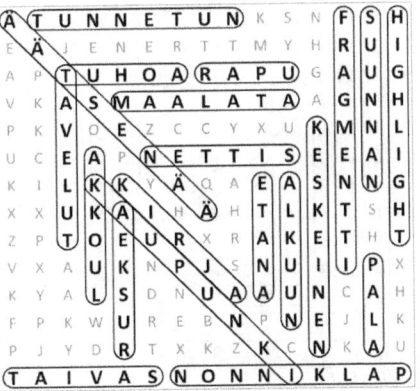

Puzzle 27

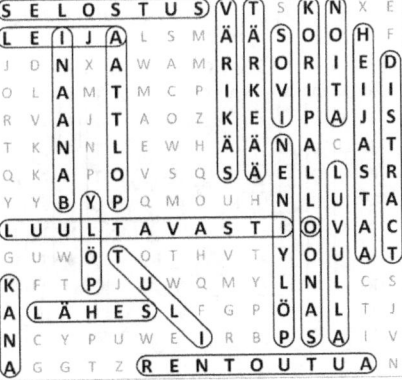

Puzzle 28

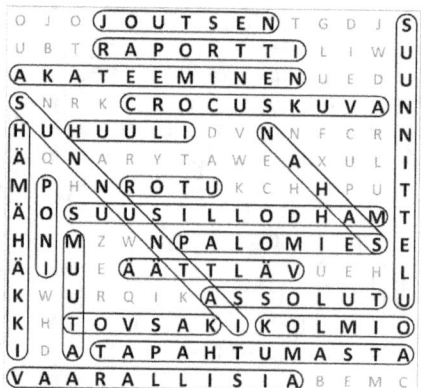

Puzzle 29

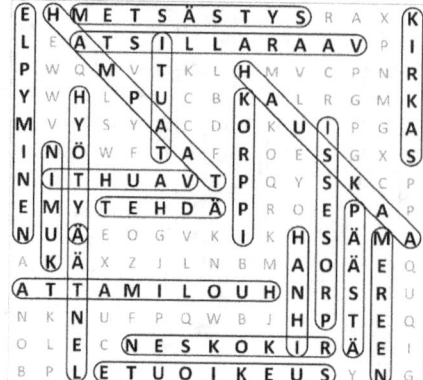

Puzzle 30

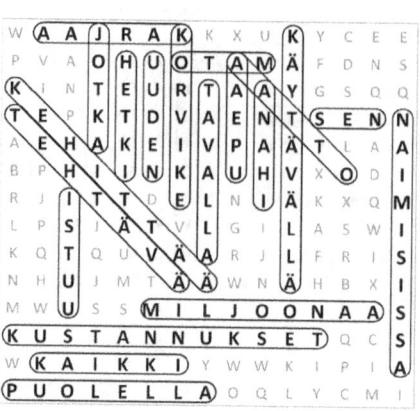

Puzzle 31

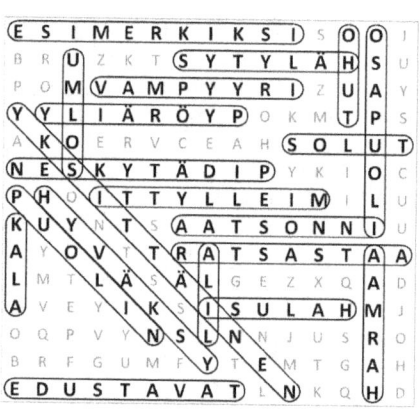

Puzzle 32

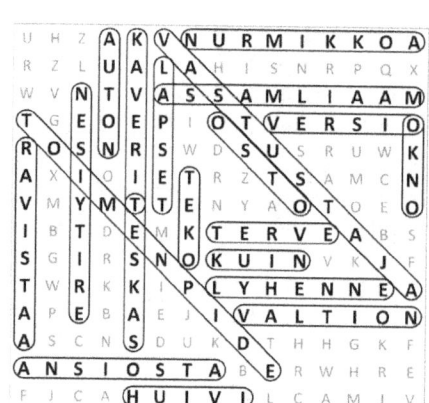

Puzzle 33

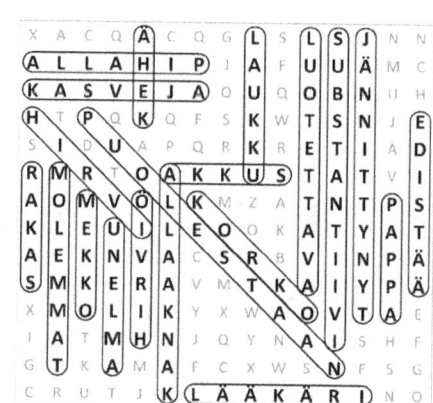

Puzzle 34

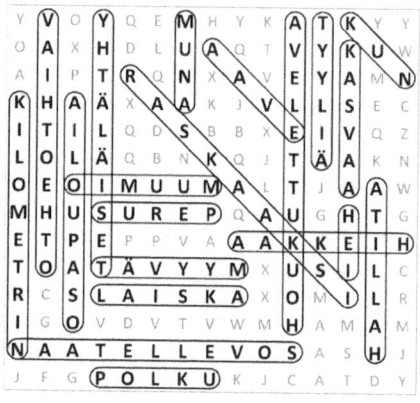

Puzzle 35

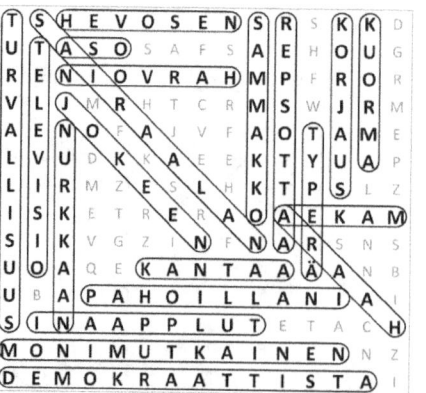

Puzzle 36

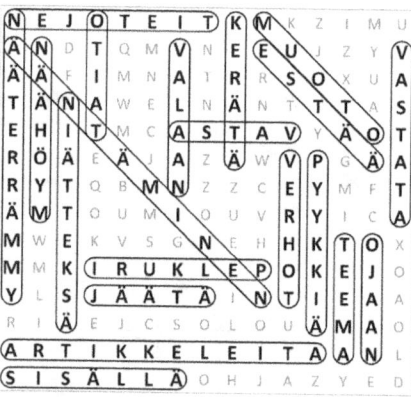

Puzzle 37

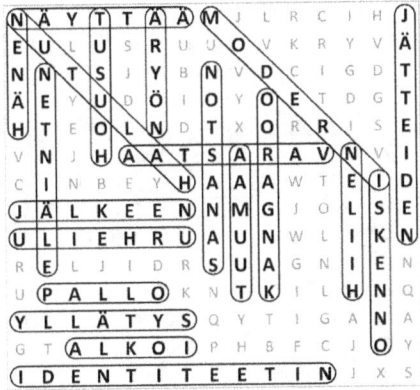

Puzzle 38

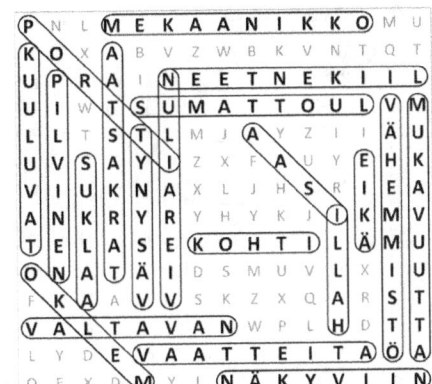

Puzzle 39

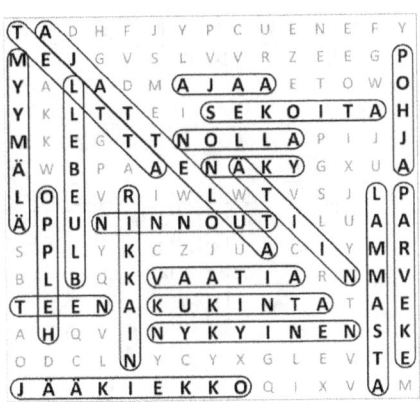

Puzzle 40

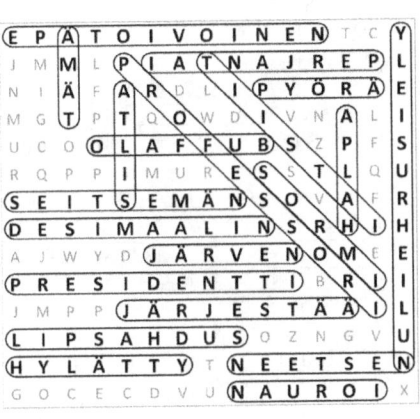

Puzzle 41

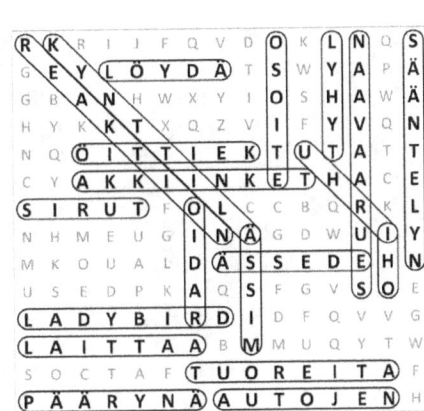

Puzzle 42

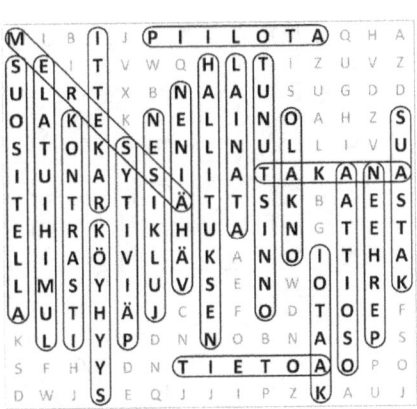

Puzzle 43

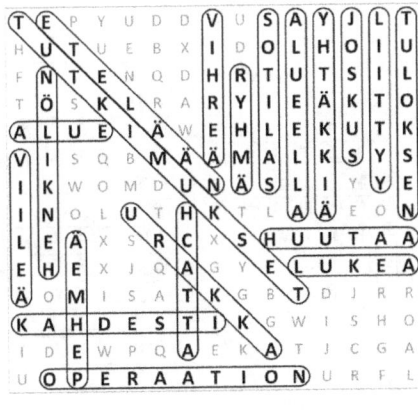

Puzzle 44

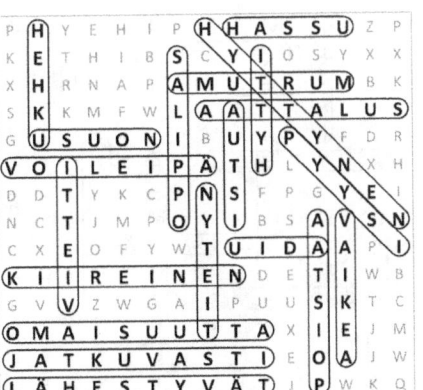

Puzzle 45

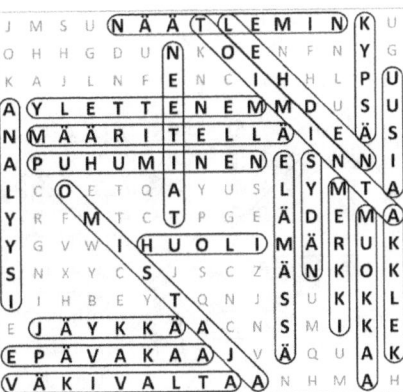

Puzzle 46

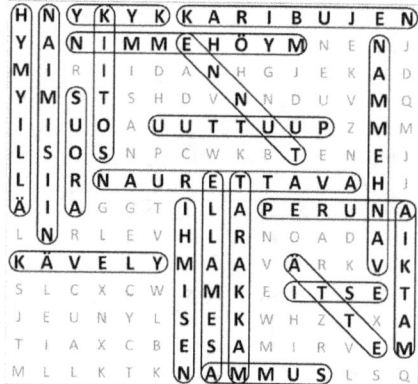

Puzzle 47

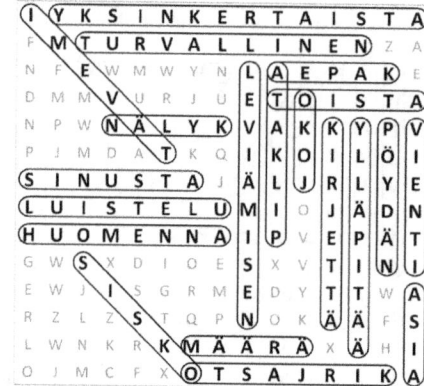

Puzzle 48

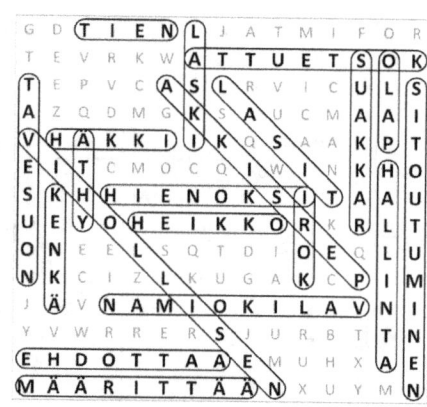

Puzzle 49

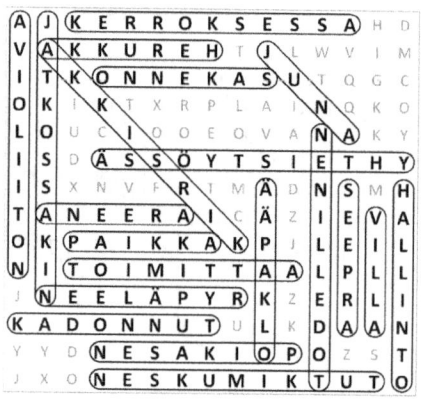

Puzzle 50

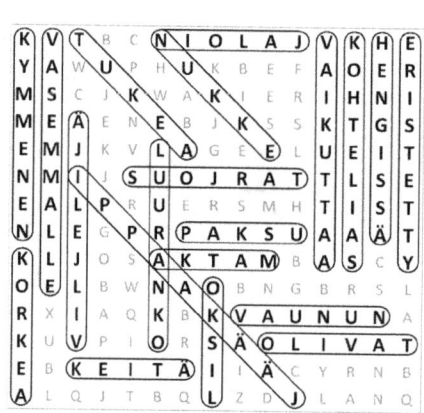

Puzzle 51

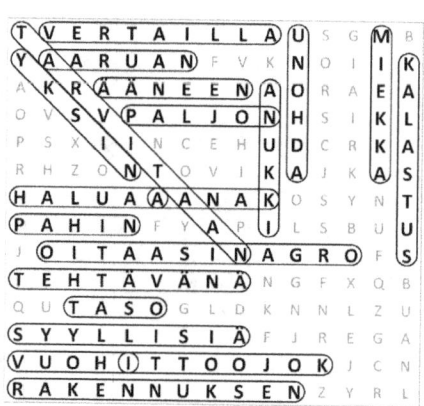

Puzzle 52

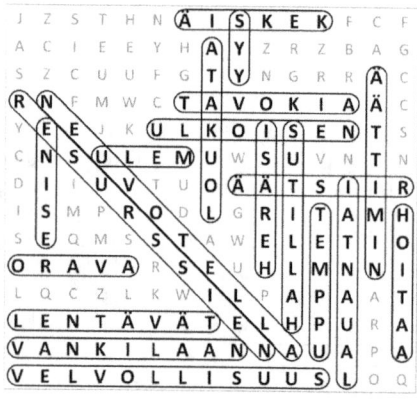

Puzzle 53

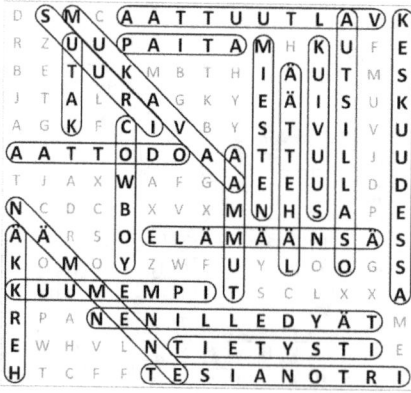

Puzzle 54

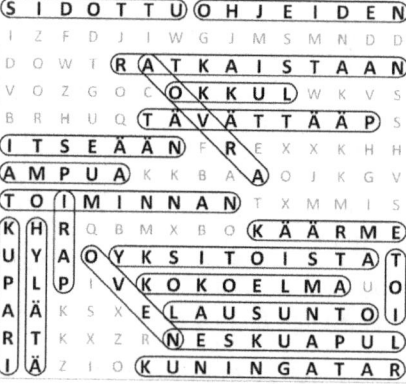

Puzzle 55

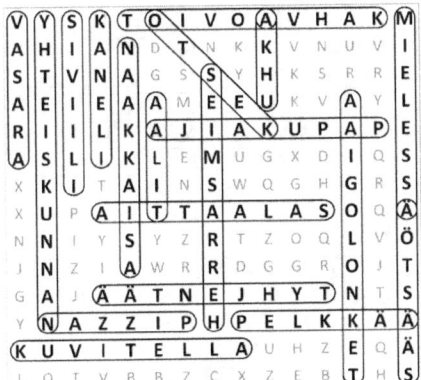

Puzzle 56

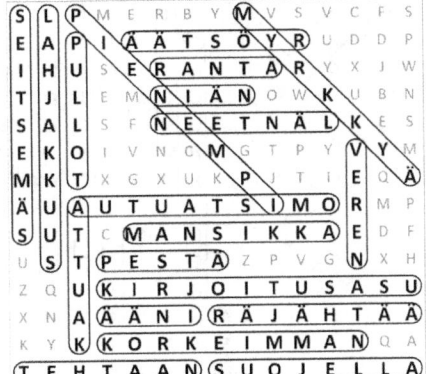

Puzzle 57

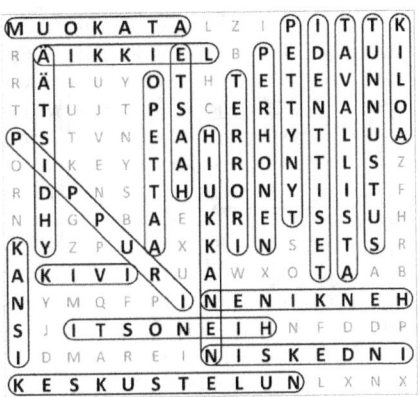

Puzzle 58

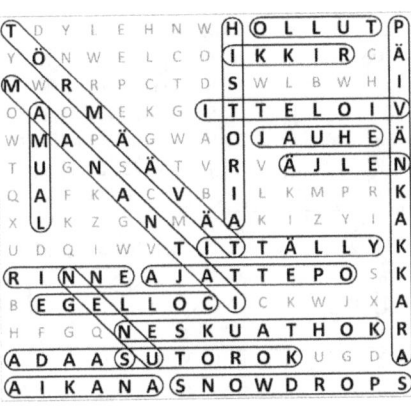

Puzzle 59

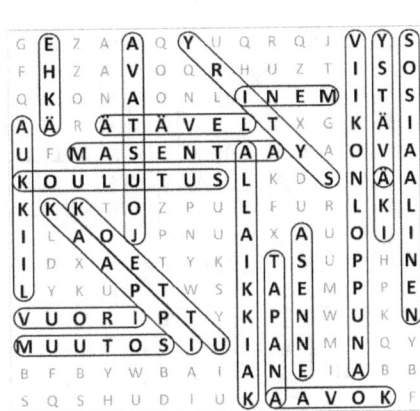

Puzzle 60

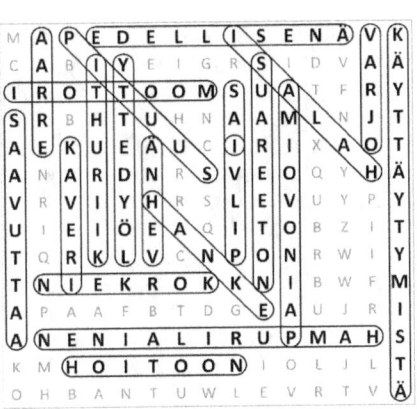

Puzzle 61

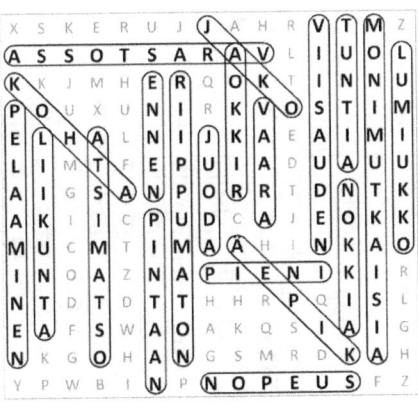

Puzzle 62

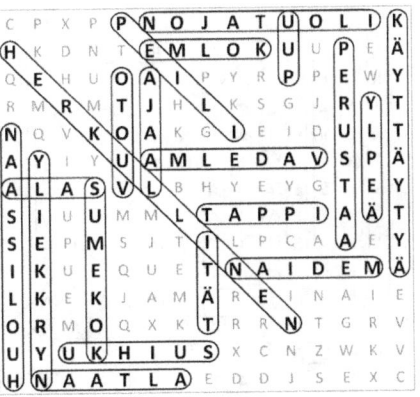

Puzzle 63

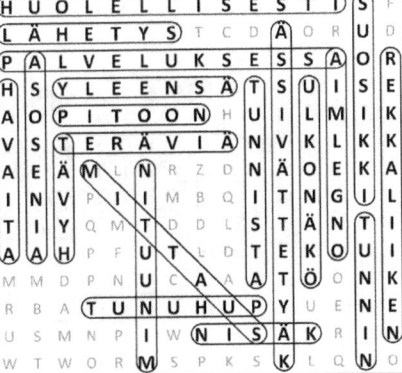

Puzzle 64

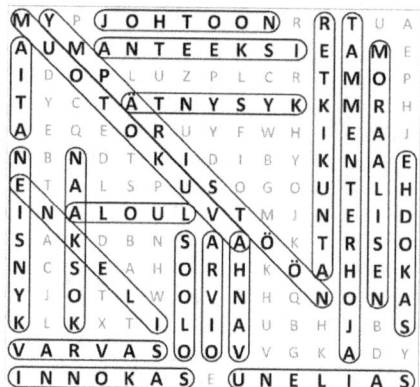

Puzzle 65

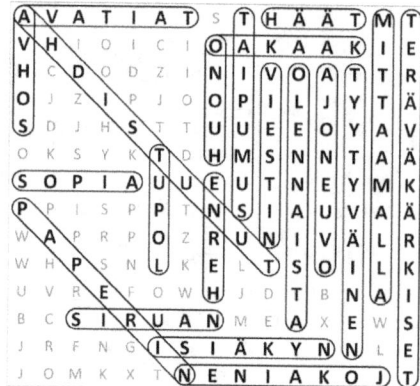

Puzzle 66

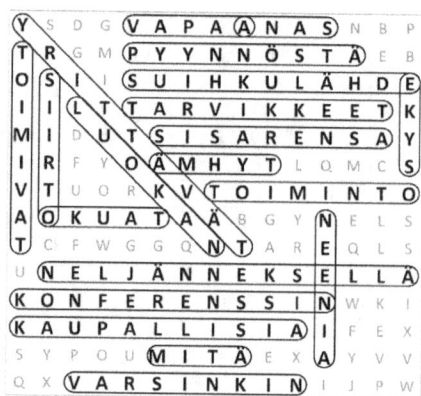

Puzzle 67

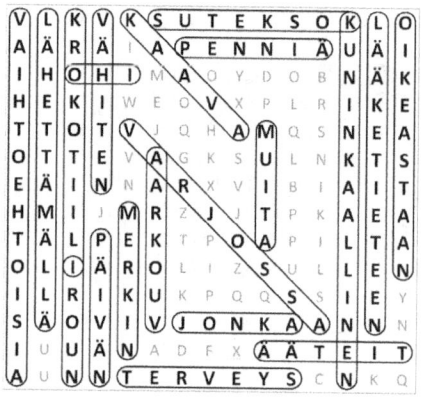

Puzzle 68

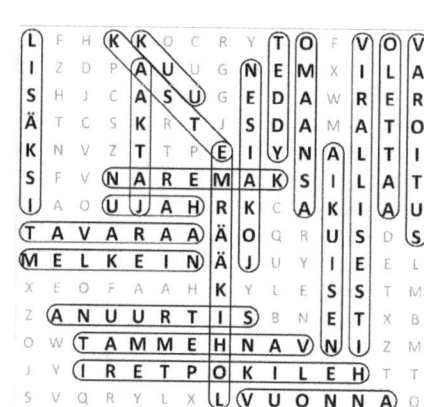

Puzzle 69

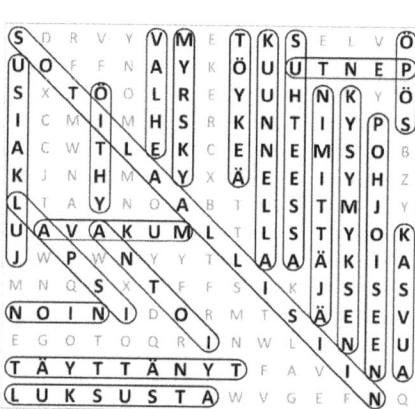

Puzzle 70

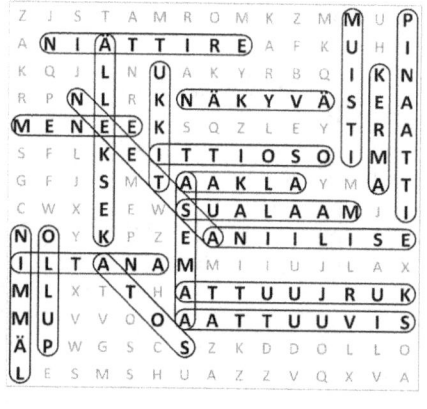

Puzzle 71

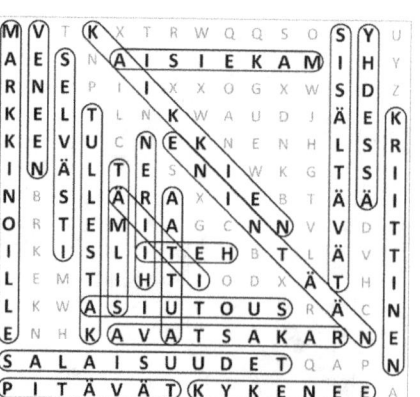

Puzzle 72

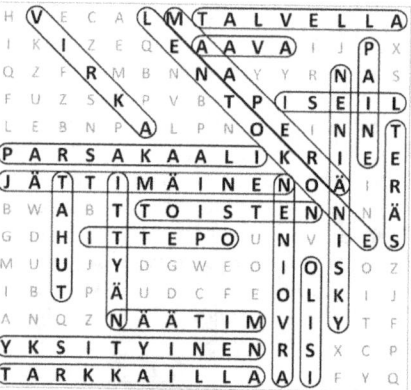

Puzzle 73

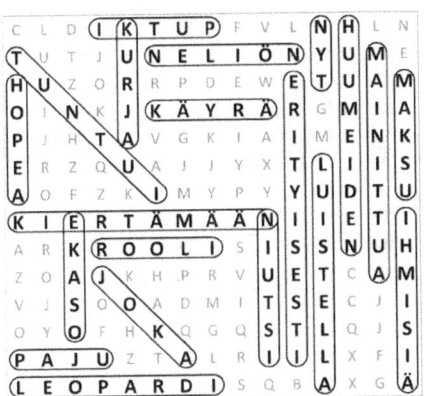

Puzzle 74

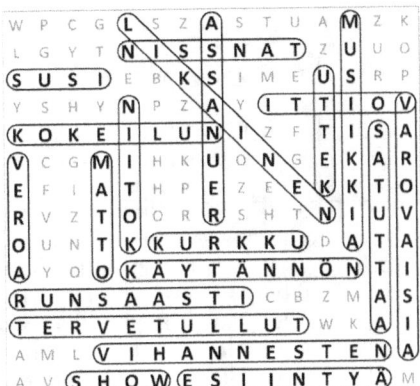

Puzzle 75

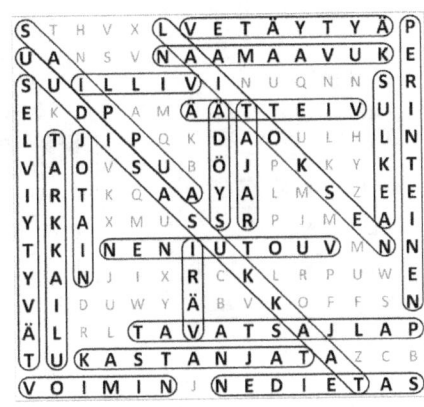

Puzzle 76

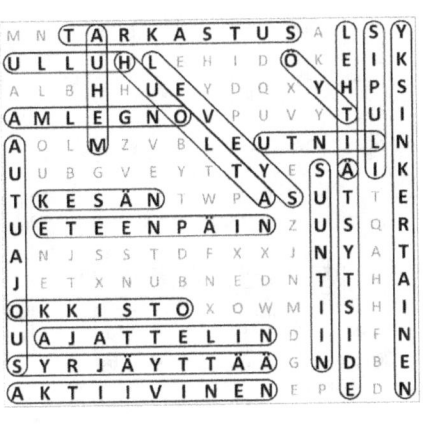

Puzzle 77

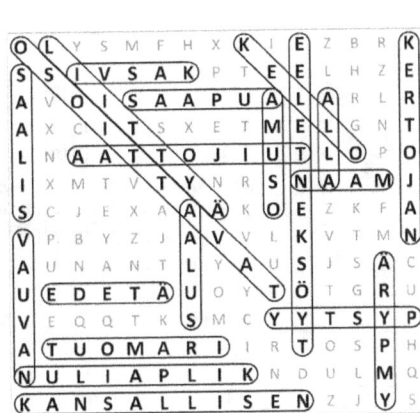

Puzzle 78

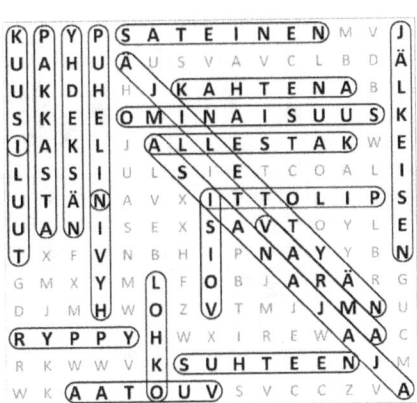

Puzzle 79

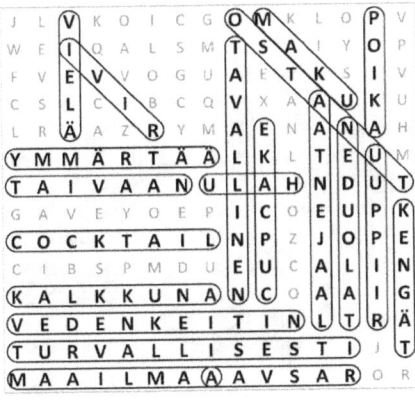

Puzzle 80

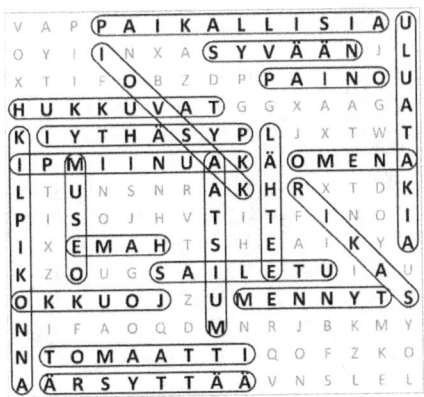

Puzzle 81

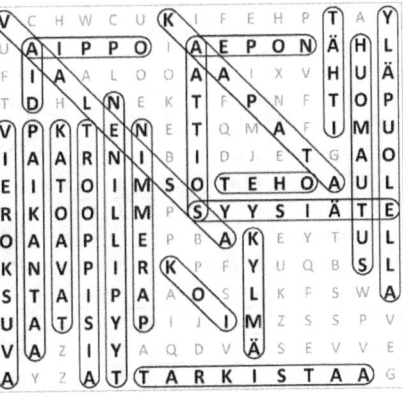

Puzzle 82

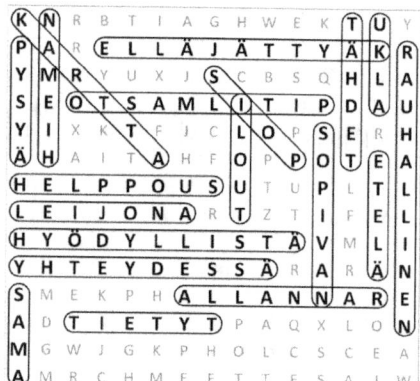

Puzzle 83

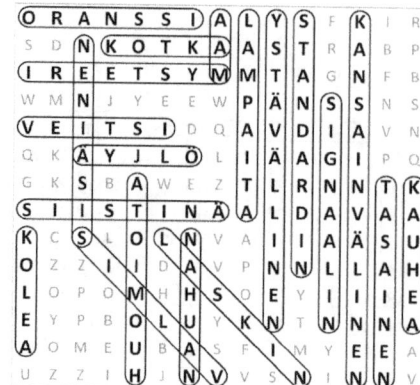

Puzzle 84

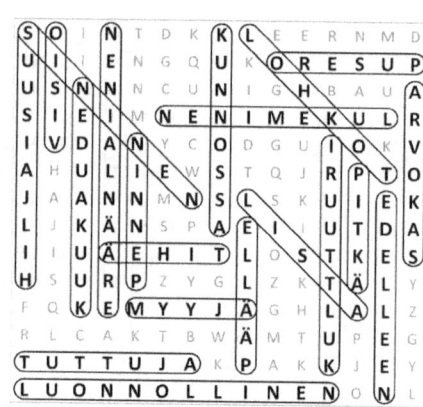

Puzzle 85

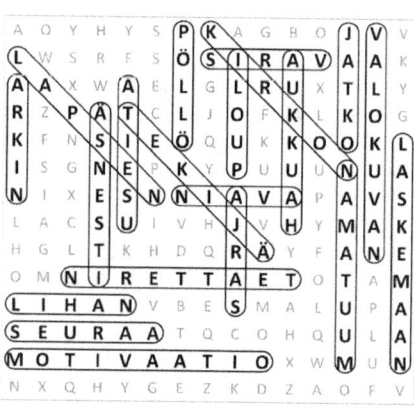

Puzzle 86

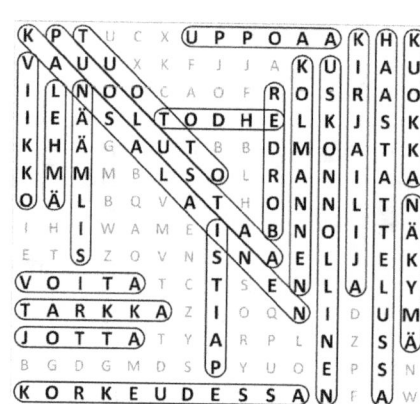

Puzzle 87

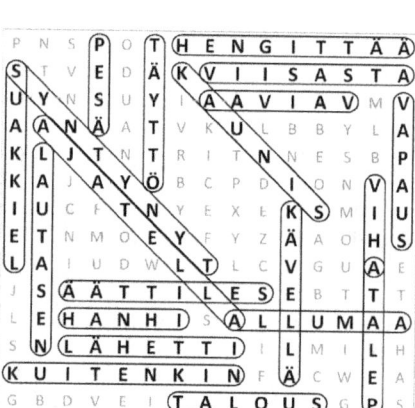

Puzzle 88

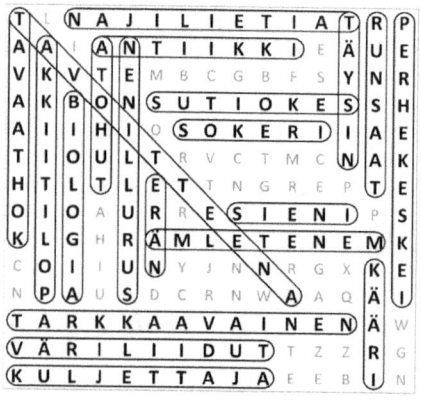

Puzzle 89

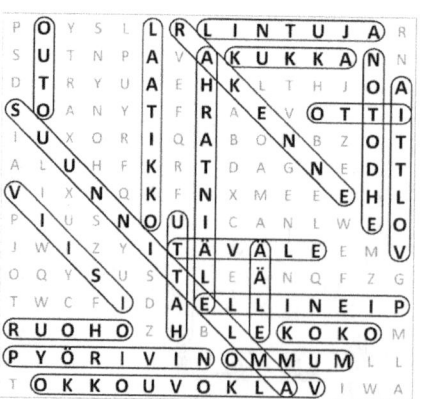

Puzzle 90

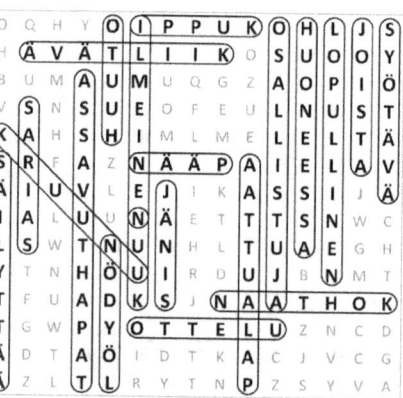

Puzzle 91

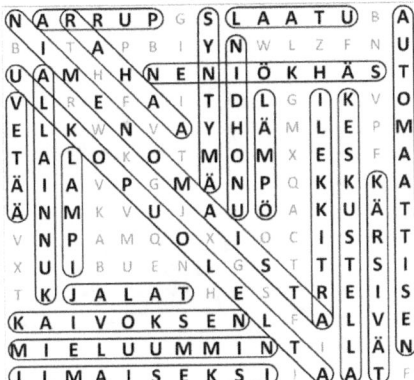

Puzzle 92

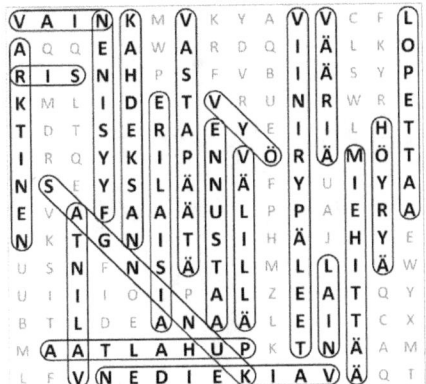

Puzzle 93

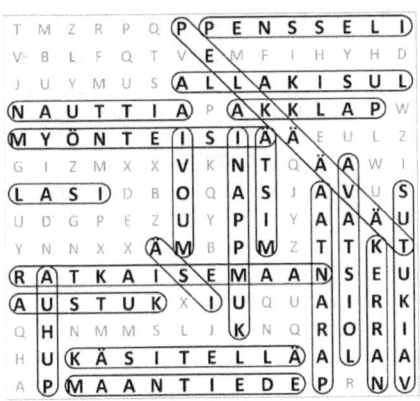

Puzzle 94

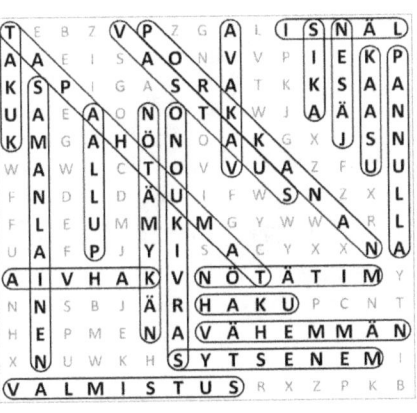

Puzzle 95

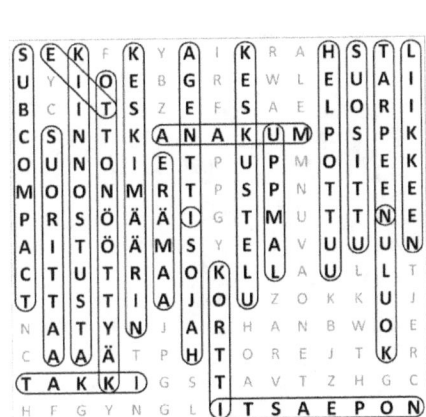

Puzzle 96

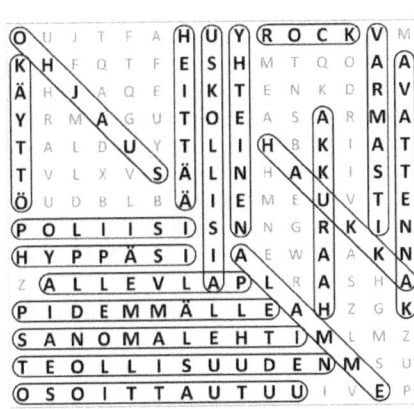

Puzzle 97

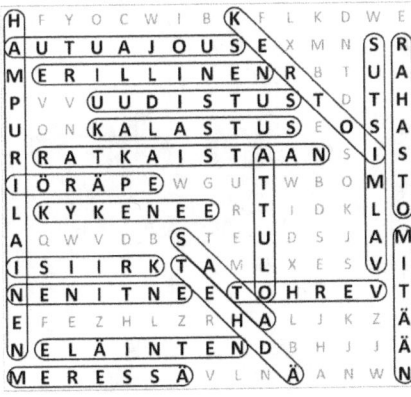

Puzzle 98

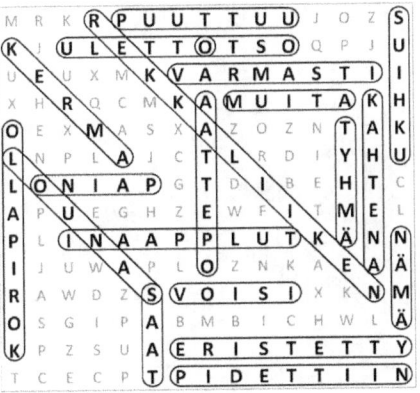

Puzzle 99

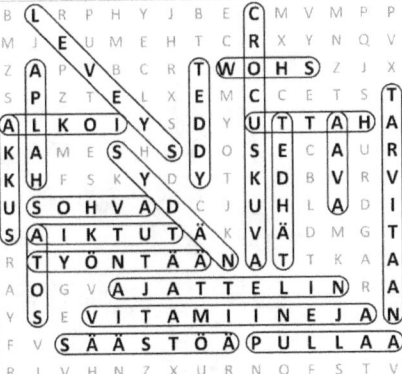

Puzzle 100

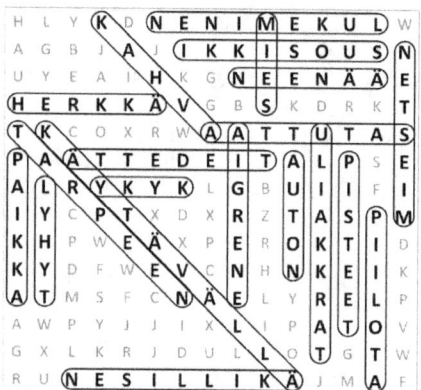

Congratulations

You made it!

We hope you enjoyed this book as much as we enjoyed making it. We do our best to make high quality games.

These puzzles are designed in a clever way to actively spark the brain and make it sharp and quick!
Did you love them?

A Simple Request

Our books exist thanks to the reviews you post on Amazon. Could you help us by leaving a review now?

Here is a short link which will take you to your Amazon orders review page.

BestBooksActivity.com/Review50

MONSTER CHALLENGE!

Challenge #1

Ready for Your Bonus Game? We use them all the time but they are not so easy to find. Here are **Synonyms**!

Note 5 words you discovered in each of the Puzzles noted below (#21, #36, #76) and try to find 2 synonyms for each word.

Note 5 Words from *Puzzle 21*

Words	Synonym 1	Synonym 2

Note 5 Words from *Puzzle 36*

Words	Synonym 1	Synonym 2

Note 5 Words from *Puzzle 76*

Words	Synonym 1	Synonym 2

Challenge #2

Now that you are warmed-up, note 5 words you discovered in each Puzzle noted below (#9, #17, #25) and try to find 2 antonyms for each word. How many lines can you do in 20 minutes?

Note 5 Words from **Puzzle 9**

Words	Antonym 1	Antonym 2

Note 5 Words from **Puzzle 17**

Words	Antonym 1	Antonym 2

Note 5 Words from **Puzzle 25**

Words	Antonym 1	Antonym 2

Challenge #3

Wonderful, this monster challenge is nothing to you!

Ready for the last one? Choose your 10 favorite words discovered in any of the Puzzles and note them below.

1.	6.
2.	7.
3.	8.
4.	9.
5.	10.

Now, using these words and within a maximum of six sentences, your challenge is to compose a text about a person, animal or place that you love!

Tip: You can use the last blank page of this book as a draft!

Your Writing:

Explore a Unique Store
Set Up **FOR YOU!**

MEGA DEALS

BestActivityBooks.com/**TheStore**

Designed for **Entertainment**!

Light Up Your Brain With Unique **Gift Ideas**.

Access **Surprising** And **Essential Supplies**!

CHECK OUT OUR MONTHLY SELECTION NOW!

- Expertly Crafted Products -

NOTEBOOK:

SEE YOU SOON!

Delta Classics Team

ENJOY FREE GAMES

NOW ON

↓

BESTACTIVITYBOOKS.COM/FREEGAMES